(개정판)
해외선물 필승 실전기법

실전에 꼭 필요한 살아 있는 투자 심리&기법

해외선물
필승 실전기법

최익수 지음

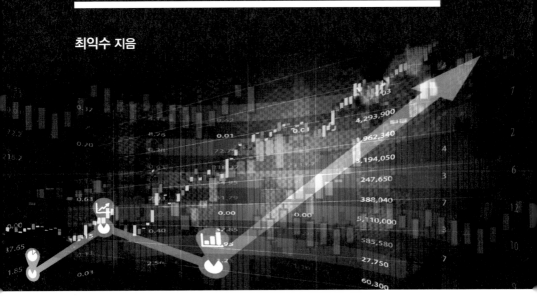

두드림미디어

실전에서 바로 적용할 수 있는 해외선물 실전기법서를 내고 싶었다.

해외선물이 우리나라에 도입된 지 벌써 10년 정도 되었다. 도입 배경은 투자 환경이 점차 글로벌화됨에 따른 투자 대상의 확대였다. 하지만 해외선물의 높은 변동성 때문에 많은 투자자들이 준비 없이 도전했다가 큰 손실을 입고 소리 없이 사라지는 일이 비일비재했고, 현재도 그런 상황이 진행 중이다.

최근 해외선물 시장으로 투자자들이 다시 몰리고 있다. 이것은 아마 2017년부터 2018년 초까지 아주 뜨겁게 달아올랐던 코인(암호화폐) 시장이 그때 이후로 지금까지 극심한 침체기에서 벗어나지 못한 것이 크게 작용한 것으로 보인다.

그런데 문제는 변동성이 큰 해외선물 시장은 단기간에 수익의 기회를 크게 주기도 하지만, 반대로 손실이 크게 날 가능성도 매우 높다는 데 있다. 특히 해외선물은 선물(Futures)의 특성상 주식이나 코인(암화화폐)과 달리 증거금이라는 제도로 운영되기 때문에 잘못하면 계좌에 주식이나 코인 같은 실물도 없이 예탁금이 0(제로)가 될 확률도 있다.

필자는 한창 코인 시장이 절정으로 달아올랐던 2018년 1월, 모업체의 제안으로 코인 강의를 한 적이 있다. 250석 규모를 꽉 채운 강의장에 들어선 필자가 제일 먼저 참석자들에게 한 질문은 "주식 투자를 해본 경험이 있는가?"였다. 그런데 돌아오는 응답률은 가히 충격적이었다. 250명 이상 되는 참석자 중 주식 투자 경험이 있는 사람이 다섯 명도 되지 않았다. 즉, 본인이 직접 투자 상품을 매매하는 직접 투자를 하면서 아주 기초적인 지식도 전무한 상태였다.

이러한 투자자들이 코인 시장에서의 손실을 단기간에 만회하고자 고수익을 노리고 해외선물 시장으로 진입하고 있으나, 만반의 준비 없이 달려든 매매의 고수들도 살아남기 힘들다는 해외선물 시장에서 이들은 소위 '호구' 역할을 하고 있는 게 현실이다.

더군다나 우리나라의 주가지수선물과 옵션 시장의 경우, 정부의 규제로 새로운 투자자들이 진입하려면 일정 시간 교육을 수강하는 등 여러 가지 제약이 많지만, 해외선물의 경우는 계좌만 개설하면 바로 매매할 수 있다. 이런 쉬운 시장 진입으로 고수익에만 현혹되어 준비 없이 해외선물 시장에 뛰어들었다가 큰 낭패를 보는 투자자들이 너무나 많다.

이 책에는 준비 없이 해외선물 투자에 뛰어들었다가 실패를 경험한 투자자들과 앞으로 해외선물 투자를 시작할 예비 투자자들을 위해 실전에서 반드시 알아야 할 주옥같은 핵심기법들이 담겨 있다.

기존에 나와 있는 해외선물 관련 서적을 보면, 실전에서 반드시 알아야 할 심리나 기법에 관한 내용보다는 크루드오일, 금, 나스닥선물, 홍콩항셍 등 인터넷만 검색하면 나오는 해외선물 내 상품들의 특징에 대한 이론적 설명이 대부분이고, 실전에 꼭 필요한 살아 있는 심리 및 기법에 관한 내용은 거의 없다. 그 뿐만 아니라 강의 역시, 수많은 시행착오를 통해 경험에서 우러나오는 살아 있는 강의가 전무하다.

필자는 해외선물에 대한 척박한 투자 환경에서 고군분투하는 해외선물 실전 투자자 및 실전 투자를 준비하고 있는 예비 투자자들에게 조금이나마 도움을 주고자 이 책을 집필했다. 물론 해외선물에 처음 입문한 사람들도 자세히 공부할 수 있게 기초부터 실전까지 다루었고, 누구나 검색하면 알 수 있는 이론적인 부분은 과감히 배제하고 오직 해외선물 실전 투자에서 수익을 낼 수 있는 부분에 초점을 맞추었다.

금융공학을 전공한 이론적 지식과 24년간의 주식 및 파생상품 투자 경험(해외선물 실전 투자 경력 8년, 증권사 파생상품 프랍 딜러 경력 9년 포함)을 통해 실전에 임하기에 앞서 반드시 알아야 할 살아 있는 실전기법에 대해 지면이 허락하는 대로 상세히 쓰고자 했다.

물론, 문자(글)로 설명하는 물리적 한계는 분명히 존재하지만, 그래도 이 책을 정독하면 최소한 실전 지식이 없어 억울(?)하게 계좌가 로스컷(Loss Cut)당하는 아픔을 피할 수 있고, 손실을 수익으로 전환시키는 기쁨을 맛볼 수 있을 것이다.

마지막으로 실전 투자에 앞서 절대로 서두르면 안 된다는 것을 강조하고 싶다. 자본주의와 시장경제가 유지되는 한 시장은 언제나 열려 있기 때문에 조급한 마음으로 준비 없이 덤비기보다는, 철저히 준비하고 모의 투자를 통해 자신이 승부를 걸 만한 진입타점을 연구하고, 그것을 바탕으로 수익을 충분히 낸 뒤에 실전 투자에 임하는 것이 중요하다. 수익과 손실은 종이 한 장 차이지만, 그 종이 한 장을 넘지 못하면 결코 성공에 도달할 수 없다. 성공은 한 방이 아닌 지속적인 누적수익으로만 달성할 수 있기 때문이다(과거 2001년 911테러 당시 풋옵션으로 운 좋게 500배 수익을 낸 투자자들 대부분이 이후 계속 한 방만을 노리다 수년 내에 거의 다 파산했다).

부디 이 책을 발판 삼아 여러분이 염원하는 궁극적인 경제적 자유를 얻기를 진심으로 기원한다.

최익수

3장 해외선물 정복하기 ① - 심리

4장 해외선물 정복하기 ② - 기법

5장 미국 나스닥선물지수 실전공략법

1장

뜨거운 감자
해외선물

01

해외선물,
너 정체가 뭐야?

최근 들어 해외선물에 대한 문의가 많아지고 있다. 재작년부터 이어지고 있는 미·중 무역분쟁으로 주식 시장의 침체기가 길어지고 코인(암호화폐) 시장도 2018년 초반 고점을 찍은 이후, 지금까지 장기 침체가 이어지고 있는 것이 해외선물에 대한 관심 증가의 주된 요인이 아닌가 한다.

우선 해외선물이라는 상품이 무엇인지 설명하기에 앞서 선물 (Futures)에 대한 개념을 간단히 알 필요가 있다.

선물(Futures)이란, 현물(기초자산)과 대비되는 개념으로 미래의 특정 날짜에 기초자산의 가격이 오를 것인지 내릴 것인지에 대한 불확실성에 대비해 현재 시점에서 가격을 확정하는 것을 뜻한다.

즉, 우리가 보통 알고 있는 기초자산 중 주식은 현물이며, 코스피 시장에서 우량한 200개 종목을 선정해 지수화한 코스피200지수를 바탕으로 만들어진 주가지수선물이 선물(Futures)에 해당한다.

여기서 **주의해야 할 부분은 미래의 가격을 현재에 확정한다고 해서 무조건 이익을 보는 것이 아니라는 것이다.** 예를 들어, 한 농부가 배추를 재배하는데 올해 농사가 풍년이라 공급이 늘어나 배추가격이 앞으로 떨어질 것으로 예상한다면 가격이 떨어지기 전인 지금 시점에서 배추가격을 매수자와 확정시킬 수 있다. 그런데 예상과 달리 배추가격이 올랐다면, 실질적으로 손해를 보게 된다. 물론 예상대로 가격이 하락한다면 미리 확정한 가격이 더 높으므로 이익을 보게 된다.

예시에서 볼 수 있듯이 선물(Futures) 거래는 현재 시점에서 해당 기초자산(배추)의 미래가격을 확정하는 것이라 할 수 있다. 선물(Futures)은 이론가격이 있고 실제 시장에서 거래되는 가격이 있는데, 이 차이를 베이시스(Basis)라고 한다. 즉, 현물(주식 등)과 마찬가지로 선물(Futures)도 시장에서 거래되면서 가격을 형성하며, 우리는 이러한 선물의 가격 변동 속에서 수익을 내는 것이 주목적이다.

해외선물은 국내가 아닌 해외시장에 기반을 둔 크루드오일, 금, 나스닥지수, 항셍지수 등의 기초자산(현물)으로 만들어진 선물

(Futures)의 통칭이다. 크루드오일선물이나 금선물의 경우에는 위 예시에서 언급한 배추처럼 미래의 특정 날짜에 실물인수도가 이루어지며, 나스닥지수와 항생지수 등 주가지수선물은 우리나라와 마찬가지로 선물 만기날 실물인수도는 이루어지지 않고, 현금결제로 손익 청산이 이루어진다.

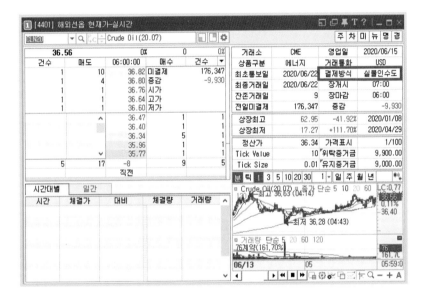

[크루드오일(Crude Oil)선물] 최근월물 현재가 화면을 보면 오른쪽 빨간색 박스에 [실물인수도]를 확인할 수 있다. 즉, 크루드오일선물은 매달 선물 만기가 돌아오며 이때 실물인수도가 이루어지기 때문에 굳이 실물이 필요하지 않은 일반 투자자들은 만기일 전날 모든 포지션을 증권사에서 강제 현금정산한다.

사실 해외선물은 **증거금제도(2장에서 자세히 설명한다)**로 운영되기 때문에 매우 큰 금액을 갖고 있지 않은 한, 당일 청산을 하는 것이 좋기 때문에 만기일까지 포지션(매수 혹은 매도)을 가지고 가는 것 자체가 불가능하나, 만기일 근처에 신규포지션을 갖고 있는 투자자들은 만기 전날 혹은 만기 당일 오후 4시 이전(증권사마다 상이)까지 현금결제가 이루어진다.

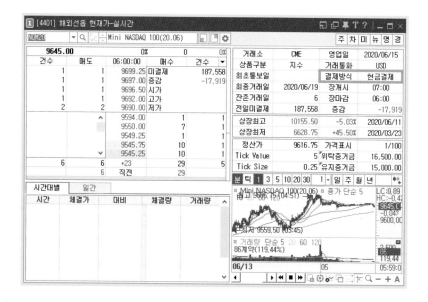

[나스닥(NASDAQ)선물] 최근월물 현재가 화면을 보면 크루드오일선물과는 달리 오른쪽 주황색 박스에 **'현금결제'**를 확인할 수 있다. 나스닥선물은 우리나라의 코스피 주가지수선물과 마찬가지로 3개월마다 최근월물이 만기가 돌아오는데, 이때 당연히 현금결제로 청산이 이루어진다.

거래소	종목명	연결선물		결제월물 선택			
CME	Australian Dollar	6A	2020.06	2020.07	2020.08	2020.09	2020.10
CME	British Pound	6B	2020.06	2020.07	2020.08	2020.09	2020.10
CME	Canadian Dollar	6C	2020.06	2020.07	2020.08	2020.09	2020.10
CME	Euro FX	6E	2020.06	2020.07	2020.08	2020.09	2020.10
CME	Japanese Yen	6J	2020.06	2020.07	2020.08	2020.09	2020.10
CME	Brazilian Real	6L	2020.07	2020.08	2020.09	2020.10	2020.11
CME	Mexican pesos	6M	2020.06	2020.07	2020.08	2020.09	2020.10
CME	New Zealand Dollars	6N	2020.06	2020.09	2020.12	2021.03	2021.06
CME	Swiss Franc	6S	2020.06	2020.09	2020.12	2021.03	2021.06
CME	Brent Crude Oil	BZ	2020.08	2020.09	2020.10	2020.11	2020.12
CME	Crude Oil	CL	2020.07	2020.08	2020.09	2020.10	2020.11

각 증권사 해외선물 HTS에서 해외선물옵션 **종목검색**을 클릭하면, 위 화면처럼 해외거래소별 혹은 상품별로 많은 해외선물 종목이 나타난다.

지수, 통화, 금리, 금속, 에너지, 농축산물 등 여러 가지 상품이 있고, 이에 속한 수많은 종목들 전체가 해외선물이라고 할 수 있다.

그럼 이렇게 많은 종목들 중 어떤 종목을 거래해야 할까? 이에 대한 해답은 유동성에 있다.

우리나라 주가지수선물 및 옵션 시장은 과거 전 세계 1, 2위를 다투는 유동성이 풍부한 시장이었다. 그러나 정부에서 신규 거래에 대해 여러 가지 규제를 가하면서 현재는 세계 10위권 밖으로 밀려

났고, 유동성 즉, 매수 및 매도 거래 참여자들이 현저히 줄어들어 현재는 하루 움직임이 매우 제한적이고 수익의 기회도 많이 줄어들었다. 유동성이 풍부해야 수익의 기회도 많이 생기기 때문이다.

해외선물 시장은 전 세계 투자자들이 모두 참여하는 글로벌한 시장이기 때문에 유동성이 항상 풍부하다. 그런데 수많은 해외선물 종목들이 모두 유동성이 풍부한 것은 아니고, 농축산물과 같은 상품과 시장별로 유동성이 별로 없는 종목들도 많기 때문에 유동성이 풍부한 대표적인 종목을 거래하는 것이 좋다.

대표적으로 거래되는 유동성이 풍부한 종목들로는 **크루드오일선물, 금(Gold)선물, 나스닥선물, S&P500선물, 홍콩항셍선물**이 있다. 이 종목들로만 거래하는 것이 좋고, 이들로만 거래해도 실전 매매 타점만 잘 숙지하면 마르지 않는 수익 샘물을 맛볼 수 있다.

최근 해외선물 투자자가
증가하는 이유

우리는 거의 모두 일을 한다. 일하는 이유는 여러 가지가 있겠지만, 가장 중요한 이유는 삶을 영위하되 조금 더 윤택하게 살기 위함이 아닌가 한다. 물론 인생은 빵만으론 살 수 없기 때문에 돈이 아주 많다고 해도 일하지 않으면 사람이 빨리 늙게 되고 쉽게 폐인이 될 가능성이 크다.

그런데 문제는 일만 해서는 각자 원하는 윤택한 삶에 도달하기 쉽지 않다는 데 있다. 물론 소수의 고액 연봉자들이나 안정적인 사업을 영위하는 사업가들은 일만으로도 윤택한 삶을 영위할 수 있겠지만, 그 외 대다수의 사람들은 일을 통한 대가만으로는 윤택한 삶은커녕 살인적인 물가 상승에 기본적인 생활비를 충당하기도 빠듯하다.

이러한 이유 등으로 많은 사람들이 투자의 세계에 관심을 갖게 된다. 더군다나 자본주의를 기반으로 한 자유 시장경제에서 큰돈을 번 사람들은 거의 투자로 부를 축적했다는 사실을 알기 때문에 수익이 날 만한 투자 대상으로 많은 사람들이 몰려드는 것이 현실이다.

최근 해외선물 투자자가 증가하고 있는 것도 이런 이유 때문이 아닐까 한다. 적은 자본으로 시작할 수 있는 투자 대상으로 대표적인 것이 주식 시장과 코인(암호화폐) 시장인데, 이 두 시장 모두 2년 남짓 장기 침체 구간에 있어 이 시장들에 참여한 투자자들이 수익은커녕 많은 손실을 보고 있다. 문제는 단기간에 이 두 시장은 바로 살아날 확률이 적다는 점이다. 물론 선물(Futures)은 상승 방향이 아닌 하락방향으로도 수익을 낼 수 있기 때문에 시장이 살아나는 것이 무슨 상관이냐고 반문하는 사람들이 있을 수 있는데, 시장이 장기간 침체국면에 있으면 L자형 패턴으로 유동성이 줄어드는 죽음의 '횡보구간'에 돌입하기 때문에 수익 낼 구간이 매우 짧고 기회도 적다. 이건 '롱'(매수)배팅이나 '숏'(매도)배팅 모두 해당된다.

이 때문에 주식 및 코인 투자 경험이 있는 투자자들이 해외선물 시장으로 많이 진입하고 있다. 특히 해외선물 시장은 전 세계 투자자들이 매일 같이 몰려들기 때문에 현재의 주식과 코인 시장과 달리 해외선물 시장은 항상 '마르지 않는 샘물'과도 같이 유동성이 풍부하다. 또한, 그만큼 변동성도 크며, 상승이든 하락이든 단기 추세에 대한 폭도 크기 때문에 매수든 매도든 진입자리인 맥점을 잘 알고 있으면 아주 짧은 시간에 큰 수익을 얻을 수 있다. 물론 진입할 수 있는 맥점자리를 모르거나 무시하고 고점 대비 많이 빠졌다고 매수진입하거나 저점 대비 많이 올랐다고 매도진입하고, 안 되면 물타기를 밥 먹듯이 하면 예수금(투자금)은 빛의 속도로 줄어들게 된다.

나는 매일 해외선물 투자 시간이 최대 2시간을 넘지 않는다. 2시간은 장이 좀 난해했을 때이고, 보통 빠르면 30분 정도 매매하고 하루에 투자 원금 대비 3~5%를 수익 내고 매매를 마감한다. 즉, 자신만의 수익을 낼 수 있는 최적 진입자리를 차트 내 여러 가지 신호들로 파악해 이를 찾아낼 수 있는 능력만 갖춘다면, 누구나 빠른 시간 내에 수익을 낼 수 있다.

해외선물은 고수익을 낼 수 있는 상품이지만, 고수익에는 항상 고위험이 따른다. "High Risk & High Return"은 '큰 수익을 얻기 위해서는 큰 위험을 감수해야 한다'는 뜻으로 불변의 진리다. 그런데 높은 리스크를 제한하는 여러 가지 장치(스탑로스 등)와 함께 아무 자리도 아닌 지점에서 절대 진입하지 않는 강한 의지와 자신만의 수익을 낼 수 있는 확률 높은 "MY WAY" 지점에서만 진입할 수 있다면 누구나 거의 매일 수익을 쌓아가는 놀라운 경험을 하게 될 것이다.

해외선물의
화끈한 변동성

  해외선물 투자의 매력은 당연히 화끈한 변동성에 있다. 우리나라 코스피200 주가지수선물의 경우에는 과거에는 나름 변동성이 컸지만, 수년 전부터 정부의 규제로 신규 투자자들의 진입이 어려워 유동성이 급감해 장 중 변동성이 너무 적어졌다. 더군다나 승수도 절반으로 줄어들어 수익을 내는 데 매력도가 많이 떨어졌다.

  그러나 해외선물의 경우는 보통 하루 23시간 열리면서 상승이든 하락이든 추세적 흐름이 몇 번씩 나오고 과도한 상승이나 하락의 경우, **역추세 극점매매(탄성매매)**로 역추세로도 수익을 나름 크게 낼 수 있다. 즉, 수익을 낼 수 있는 확률 높은 구간이 한 종목 내에서도 하루 동안 여러 번 나오고, 이런 유동성과 변동성이 높은 종목이 몇 개씩 되니 제대로 된 매매 타점을 알고 수익을 끌고 갈 수 있는 실전 경험이 더해지면, 매일매일 수익을 쌓아가는 즐거움을 만끽할 수 있다.

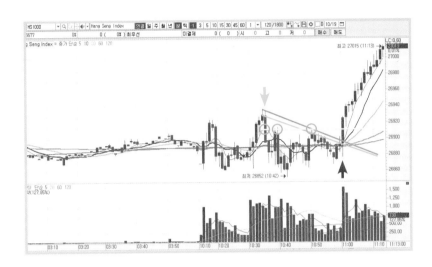

화면은 [홍콩항셍선물]의 1분봉 차트인데, 파란색 화살표 지점의 대음봉의 절반 자리(노란색 평행선)를 주목해보자. 이 대음봉의 절반 자리에서 두 번의 저항(대음봉 이후 두 개의 녹색 동그라미)을 받은 후, 빨간색 화살표 지점에서 장대양봉이 나오면서 이 저항선을 돌파하는 모습을 볼 수 있다. 이 빨간색 화살표 지점이 **단기 '롱'(매수)포지션 진입의 최적의 자리**가 된다. 이후 항셍선물지수는 거의 100틱이 급등했는데, 항셍선물의 경우 1틱의 가치가 원화로 7,700원 정도 하니, 1계약 당 70만 원 이상의 수익을 13분 만에 얻을 수 있게 된다.

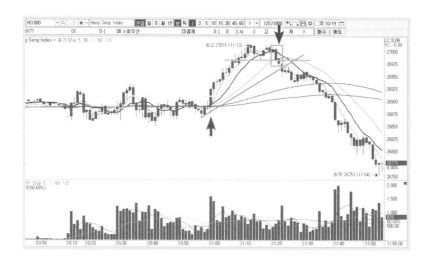

　[홍콩항성선물]이 상승방향으로 단기 추세를 낸 이후의 흐름을
보여주는 1분봉 차트다. 아까 빨간색 화살표 지점이 단기상승추세
의 시작점이라고 설명했는데, 같은 종목의 차트에서 불과 몇 분 지
나지 않았는데 상승추세가 바로 하락추세로 전환되고 있다. 여기
서는 파란색 화살표와 파란색 박스를 주목해보자. 파란색 박스 안
의 첫 장대음봉이 10 이동평균선(파란 곡선)과 20이동평균선(노란
색 곡선)을 동시에 하락이탈하고 있고, 동시에 앞 저점(파란색 수평
선)까지 하락이탈하는 모습을 보여주고 있다. 이 파란색 화살표 지
점이 단기 '숏'(매도)포지션 진입자리가 된다. 이후 약 30분 만에 하
락으로 대략 120틱 이상이 나온 것을 볼 수 있는데, 120틱이면 1계
약 당 거의 92만 원이 넘는 수익을 얻을 수 있다.

　이렇듯 해외선물 중 유동성이 풍부하고 변동성이 강한 종목들은 하루에도 몇 번씩 상방이든 하방이든 수익기회를 주기 때문에 진입 맥점과 수익을 끌고 갈 수 있는 자기만의 방법만 터득한다면, 금방 자산을 불릴 수 있다. 이 책에서는 이런 진입 맥점과 수익을 끌고 갈 수 있는 실전 팁을 아주 자세히 서술했다.

물론 언제나 투자라는 것은 100%는 없기 때문에 리스크 관리는 꼭 해야 한다. 즉, 진입 맥점이라고 생각해서 진입했는데 이후 흐름이 예상과 반대로 흐른다면, 적은 손실로 그 포지션을 정리하고 다음 기회를 노리는 것이 좋다. 기회는 무궁무진하므로 어떤 한 포지션에 연연할 필요가 전혀 없다.

해외선물
꼭 투자해야만 할까?

　해외선물 투자는 수익기회가 무궁무진하지만, 잘못 진입한 후 소위 물타기(매수의 경우 진입한 가격보다 낮다고 계속해서 계약 수를 추가하는 것. 매도는 반대)를 하게 되면, 그동안 벌었던 수익이 한순간에 날아가는 것도 모자라 원금을 크게 잃을 수 있다. 이러한 큰 변동성 때문에 해외선물 실전 투자를 했던 투자자들이나 처음 시작을 해보려는 예비 투자자들 대부분이 거래를 계속할지, 아니면 새로 시작할지에 대해 망설이는 경우가 많다.

　그런데 24년간 투자의 세계에 몸담은 필자는 해외선물만큼 수익을 확실하게 주는 상품은 없다고 확신하고 있다. 여기서 확실하게 수익을 준다는 의미는 여러 가지가 있지만, 매일 매일 일정한 수익을 줄 수 있는 가능성이 높은 상품이 해외선물이다.

주식의 경우, 아무래도 강한 상승장이 아니면 매일 수익 내기는 쉽지 않다. 장 중 단타를 하더라도 변동성이 큰 세력 주식은 시가총액이 보통 작기 때문에 원금 전체를 모두 한 종목에 매수할 수 없다. 이 때문에 일부분만 진입해야 하는데, 이마저도 장 중 변동성이 강한 시간대인 오전 9~10시에 수익을 내지 못하면 이후 시간은 수익을 장담할 수 없을 정도로 휩소가 심하다. 여기서 '**휩소**'란 속임수라는 뜻인데, 분봉상 잘 상승하던 주가가 갑자기 방향을 바꿔 하락으로 전환되는 것을 의미한다. 이 때문에 오전 10시까지 장대양봉으로 잘 상승하던 주가가 장 마감 무렵에는 긴 위꼬리 양봉이나, 심하면 위꼬리가 긴 음봉으로 전환되기도 한다. 필자의 경우, 하루에 3~4종목까지 각각 +5% 이상씩 단타를 내기도 하지만, 매일 그렇게 하기는 쉽지 않다.

그리고 하루 이상을 넘겨 주식을 끌고 가는 스윙매수의 경우, 좋은 맥점에 매수했다고 하더라도 다음 날 바로 급등하기보다는 며칠 동안 가격 조정 및 시간 조정을 주고 상승하거나, 아니면 상승하는 척만 하다가 단기하락추세로 전환되고 한참 후에 상승하는 경우도 있다. 즉, 스윙매수 후 다음 날 바로 급등(여기서 급등은 +10% 이상 상승)할 확률은 경험상 30% 미만이고, 이는 +15% 이상 상승 마감한 급등주를 매매해도 마찬가지다. 오히려 연속 급등을 노리며 어설프게 +15% 이상의 급등주를 매수했다가는 처참한 결과를 낳을 확률이 높다.

코인(암화화폐) 시장의 경우는 주식 시장보다 더욱 처참하다. 2년 전 묻지마 매수세가 몰리면서 과도한 고점을 형성한 이후, 2년이 지난 지금까지 장기 하락세가 진행 중이다. 물론 하락추세 중간중간에 단기 반등 시세가 몇 번 나오기도 했지만, 그런 반등으로 수익을 지속적으로 내기는 불가능하다.

그럼 해외선물은 어떨까? 우선 해외선물은 선물의 특성상 양방향(매수 혹은 매도)으로 수익을 낼 수 있고, 그 수익의 기회가 유동성이 높은 한 종목에서만 하루에도 여러 번 나오는데, 더 나아가 그런 종목이 여러 개 있다. 이 때문에 매일 수익을 낼 기회가 많고 수익을 계속해서 쌓아갈 수 있는 시장이 해외선물 시장이다. "수익은 시장이 주는 것"이라는 대명제를 생각해볼 때, 개개인이 수익을 낼 수 있는 능력을 차치하고라도 우선 수익을 주는 시장에 투자해야 한다.

따라서 우리가 해야 할 것은 수익을 계속해서 꾸준히 줄 수 있는 시장에서 수익의 기회를 잡는 것에 집중하는 것이다. 수익도 잘 안 주는 시장에서 고군분투하는 노력을 수익기회가 많은 해외선물 시장에 쏟아붓는다면, 우리가 원하는 결과를 바로 얻을 수 있을 것이다.

실전 투자를 위한
무기가 필요하다

변동성이 크고 수익기회가 많은 해외선물 시장이지만, 수익기회가 많은 만큼 그에 상응하는 리스크도 크기 때문에 실전 투자를 시작하기에 앞서 꼭 갖춰야 할 것들이 있다.

전쟁에서 이기기 위해서는 강력한 무기가 필요한데, 여기서 무기란 어떤 하나의 도구만을 지칭하지 않는다. 즉, 화력이 좋은 공격용 무기와 더불어 상대의 공격을 효과적으로 방어할 수 있는 방패도 필요하다. 여기에 일사불란하고 정렬된 군대 조직 체계와 이를 통합적으로 지휘할 수 있는 지휘관의 능력도 매우 중요하다. 이모든 것이 제대로 갖춰졌을 때, 전쟁에서 승리할 확률이 높다고 할수 있다. 여기서 확률이 높다고 표현한 것은 그 모든 것을 갖췄다할지라도 상대편이 더욱 잘 갖췄다면 전쟁에서 질 수도 있다는 뜻이다. 결국, 전쟁에서 100% 승리란 없다.

투자의 세계도 전쟁과 흡사하다 해서 투자의 세계를 소위 '총성 없는 전쟁터'라고 부르는데 총, 칼 같은 실제의 무기만 등장하지 않을 뿐, 나머지는 비슷하다. 즉, 최적의 매수 및 매도 진입의 맥점도 모르고, 칼 같은 손절매(위험관리)도 안 잡고, 수익 나고 있다고 분할매도를 안 하고 계속 오르겠지 하는 순진한 희망만 품고, 손실이 계속 커지고 있는데 물타기만 하고 있다면, 이건 전쟁터에 빈손으로 나가는 것과 같다. 전쟁터에 빈손으로 나가면 결과는 뻔하다. 투자의 세계에 100%가 없다는 건 수익이 날 확률이 100%는 없다는 뜻이지, 이렇게 준비 없이 투자의 세계에 뛰어들면 실패 확률은 100%다.

　실전 투자를 위한 무기는 특별한 것이 아니다. 실전 투자에 앞서 투자의 기초를 공부하고 공부한 내용을 융합해 모의 투자를 하면서 이를 적용해 성공 확률이 몇 %가 되는지를 계속 체크하는 것이다. 이때 중요한 것은, 모의 투자라고 해서 아무렇게나 매매하면 절대 안 된다는 것이다. 즉, 실제 돈으로 투자한다고 생각하고 신중하게 자기가 세운 원칙대로만 매수 혹은 매도를 진입하고 지수가 예상대로 움직이면 수익청산도 원칙대로 분할청산을 해야 한다. 만약 포지션을 진입했는데 예상과 반대로 움직인다면 처음 설정한 손절라인을 정확히 지켜 청산하고, 청산한 후에는 왜 손실이 났는지를 면밀히 분석해야 한다. 그리고 하루의 매매가 모두 끝나면 수익을 낸 매매와 손실이 난 매매를 모두 다시 복기하고 분석해야 한다. 이를 꾸준히 매일 하고 난 후, 어느 정도 실력이 쌓였다고 판단될 때 실전 투자를 시작해야 한다. 조급한 마음에 빨리 수익을 내서 돈을 벌고 싶다고 실전 투자부터 시작하면, 거의 100% 실패로 끝나고 이 실패도 매우 빨리 달성(?)된다는 것을 명심해야 한다. 자본주의 시장경제가 유지되는 한, 해외선물 시장은 영원히 계속되므로 절대 조급한 마음을 가지지 말아야 한다.

이 책은 여러분들이 투자의 기초 부분을 공부했으나 이를 융합하거나 융합한 내용을 실전에 적용하는 것이 어려운 부분에 도움을 주고자 집필됐다. 해외선물은 단순히 지지와 저항, 추세, 이동평균선 등 보조지표만 알고서는 절대 정복할 수 없다. 차트를 보면 캔들, 캔들의 조합, 패턴, 지지와 저항, 추세(선), 실전형이동평균선, 파동, 거래량의 여덟 가지가 한 번에 보일 정도가 되어야 해외선물 시장에서 수익을 지속적으로 낼 수 있다.

주식 시장의 경우, 0.5 대 9.5의 법칙이 적용된다고 한다. 이는 10 중에서 0.5의 소수만이 수익을 내고, 나머지 9.5에서도 일부 소수만이 본전이고, 나머지는 거의 손실을 본다는 것이다. 그런데 해외선물을 포함한 파생상품 시장에서는 0.05 대 9.95의 법칙이 적용된다. 즉, 0.05의 극소수가 9.95의 돈을 모두 가져간다는 의미로, 0.05에만 속한다면 주식과는 비교할 수 없을 정도로 부를 축적할 수 있다.

그럼 이제부터 0.05에 들어갈 수 있는 실전 팁을 공부하러 가보자.

2^장

해외선물 투자의
척박한 환경 및 실전준비

제대로 된
실전기법 책조차 없다!

해외선물이 국내에 도입되어 실전 투자가 가능하게 된 지 대략 10년이 지났다. 10년이란 세월이 길다면 매우 긴 기간인데, 주변을 둘러보면 해외선물에 투자하는 사람이 거의 없을 정도로 해외선물의 저변은 확대되지 못했다. 그나마 주식 시장과 코인 시장이 최근 2년 동안 심한 침체기에 있기 때문에 최근 들어서야 해외선물에 대해 관심을 갖는 사람들이 많아지고 있다. 그럼 10년이라는 세월 동안, 왜 해외선물의 저변이 확대되지 못했을까?

첫 번째 이유는, 도입 당시부터 거의 최근까지 매매수수료가 매우 비쌌기 때문이다. 크루드오일(Crude Oil)선물이나 금(Gold)선물의 경우, 1틱의 가치가 10달러인데, 해외선물 도입 당시 편도 진입 수수료가 10달러였다. 이 얘기는 2틱을 수익 내고 청산해도 왕

복수수료가 20달러이기 때문에 본전이란 얘기다. 최근 들어서는 거의 모든 증권사가 매매수수료를 편도에 3달러 이하로 낮추고 있어 예전에 비해 매매수수료 부담은 거의 없어졌다.

두 번째 이유는, 해외선물로 수익 내기가 생각만큼 쉽지 않기 때문이다. 앞에서 해외선물은 유동성과 변동성이 크기 때문에 수익기회가 많다고 수차례 언급했지만, 수익기회가 많은 만큼 손실기회도 많기 때문에 수익은 조금 보고 손실을 크게 보는 투자자가 많다. 특히 소위 전문가라고 하는 사람들도 실제로 자기 돈을 해외선물에 투자해서 수익을 내는 경우가 거의 없는 게 현실이다. 이렇기 때문에 해외선물에 대해서는 주식 관련 서적에 비해 관련 서적이 거의 전무한 실정이다. 즉, 주식에 관해서는 수익을 내든 못내든 이런저런 이야기로 책에 쓸 내용이 많지만, 해외선물의 경우에는 주식만큼 쓸데없는(?) 이야기를 할 게 별로 없다. 오직 수익을 내봤고 수익을 내고 있는 사람만이 기법 책을 쓸 수 있는 분야라고 할 수 있다. 이 때문에 지금까지 나온 해외선물 서적은 인터넷을 검색하면 누구나 알 수 있는 정보전달의 이론서가 대부분으로, 실전기법이라고 할 수 있는 부분은 매우 적고 그 부분도 소위 읽으나 마나 한 수준이다.

이러한 이유 때문에 해외선물을 본격적으로 공부해보고 싶은 예비 투자자들이나 실전 투자를 해왔지만, 결과가 그다지 좋지 못했던 투자 유경험자들이 참고할 만한 책조차 전무한 실정이다. 상황이 이렇기 때문에 시중에 많이 나온 주식 기법 책으로 공부해서 해외선물에 적용해보려 하지만, 해외선물은 주식 기법이 잘 통하지 않는다. 물론 통하는 부분도 일부 있지만, 결정적인 구간에서는 오히려 독(?)이 되는 경우가 많기 때문에 어설프게 주식 기법 책으로 공부해서는 낭패를 겪을 가능성이 크다.

대표적인 예로 주식에서 '고가놀이'라는 것이 있다. 우상향 파동이 진행된 후 고가권에서 일정 기간 횡보하는 흐름을 뜻하는데, 고가권에서 하락으로 밀리지 않고 옆으로 기간조정만 거치는 종목은 보통 세력들이 밑에서 받치면서 에너지를 축적하는 구간으로 인식된다. 이 때문에 세력들의 에너지 축적이 끝나면 다시 우상향의 파동을 낼 가능성이 크다. 하지만 해외선물에서는 '**고가놀이**'도 다 같은 패턴이 아니다. 즉, '**고가놀이**'를 만드는 과정에서 그 과정 안에 또 어떤 캔들과 패턴이 있는지 자세히 관찰해야 한다. 보통 통계적으로 해외선물에서는 '**고가놀이**'를 만들고 오히려 반락하는 확률이 80%가 넘는다.

　화면은 [나스닥선물] 3분봉 차트로, 주황색 박스 부분이 '고가놀
이'라고 볼 수 있다. 여기서는 고가놀이 이후 약간 추가 상승했지
만, 이후 흐름은 강한 하락세로 반전된 것을 볼 수 있다.

같은 [나스닥선물] 3분봉 차트에서 다른 기간에 출현된 '고가놀이'를 살펴보자. 역시 주황색 박스 구간이 **고가놀이 구간**이라고 할 수 있는데, 이후 주가는 이 구간을 넘지 못하고 역시 하락으로 전환된 모습을 볼 수 있다.

물론 해외선물에서 '고가놀이'가 나왔다고 주식과 달리 항상 반락하는 것만은 아니고 강한 추가 상승이 나오는 경우도 있다. 역시 투자에는 100%는 없으니 괜히 고가놀이가 나왔다고 매도포지션만 취하는 우를 범하지 말길 바란다.

우리가 해외선물 매매를 통해 지속적인 수익을 얻기 위해서는 확률을 높여야 한다. '고위험 & 고수익 상품'인 해외선물에 투자할 때는 확률이 높은 구간에서만 진입하고 리스크 관리에 만전을 기해야 한다. 그렇게 하면 수익이 쌓이는 속도는 시간이 지날수록 매우 빨라지게 된다.

이 책은 실전 투자에서 확률이 높은 포지션 진입 구간에 대한 많은 실전 팁을 담고 있다. 여기서 설명하는 거의 모든 구간은 필자가 실전 매매를 통해 수익을 올렸던 구간이기 때문에 실전 팁으로 손색이 없다고 생각한다.

난립하는 사설방송

해외선물 시장은 하루에도 수익 낼 기회가 매우 많지만, 그에 상응해 손실기회도 많기 때문에 수익 관리를 제대로 하지 못하면 계좌 내 투자금은 금세 줄어들게 된다는 걸 앞에서 언급했다. 즉, 자기만의 실전기법을 터득해서 수익을 낸다 해도 욕심을 제어하지 못하는 등 심법(心法)이 갖추어져 있지 않으면, 결국 한방에 털리는 곳이 해외선물 시장이다.

이렇게 쉬운 듯하지만, 절대 쉽지 않은 시장에서 제대로 된 실전기법서나 실제로 도움이 되는 실전 강의 하나 없다 보니 수년 전부터 아프리카TV나 유튜브 채널 등의 플랫폼에서 해외선물을 개인방송 소재로 사용하는 BJ나 유튜버들이 늘어나고 있다.

물론 개인방송을 위한 소재 선정은 전적으로 개인의 자유다. 그러나 해외선물 전문가도 아닌 사람들이 이를 소재로 삼는다는 것은 매우 안 좋은 파급효과를 낳을 수 있다. 이유는 일단 해외선물을 개인적으로 방송하는 BJ들이나 유튜버들이 해외선물 실전 경험이 거의 전무하다는 데 있다. 선물(Futures)의 기본 개념도 모르는 상태에서 위냐 아래냐를 맞추는 데만 급급한 나머지, 포지션을 진입한 후 물리기면 하면 물타기를 거의 무한대로 해 수십 계약의 포지션으로 손실도 거의 몇천만 원이 우습게 난다. 물론 버는 날도 있지만, 누적으로 보면 손실의 규모가 기하급수적이다. 그런 매매를 관전하는 수많은 사람들 중에는 우연히 많이 버는 날에 의미를 두어 아무런 준비 없이 실전 매매에 뛰어드는데, 결과는 불 보듯 뻔하다. 해당 BJ나 유튜버들은 자신의 매매를 절대 따라 하지 말라고 하지만, 관전하는 사람들은 혹시 수익이 날까 싶어 따라 하다가 예탁금이 부족해서 계좌 로스컷이 쉽게 나게 된다.

　해외선물은 반드시 자신만의 무기를 가지고 시작해야 한다. 그 무기가 시스템일 수도 있고 하루 23시간 동안 자기가 진입해서 꼭 수익 낼 수 있다고 확신하는 'MY WAY' 지점에서만 매매할 수 있는 자제력일 수도 있다. 또한, 일정 수익을 확보한 후에는 더 이상 욕심을 내지 않고 그날 매매를 종료할 수 있는 결단력일 수도 있고 내가 예상한 방향과 반대로 움직일 때, 조기에 약손실로 포지션을 끊어낼 수 있는 과감성일 수도 있다.

그런데 개인방송에서 보이는 해외선물 매매는 이 중 어느 한 가지도 제대로 지켜지지 못하고 있고, 이런 방송을 보는 예비 투자자들은 지속적으로 수익을 내는 매매에 독이 될 수 있는 내용을 여과 없이 받아들이게 되는 상황이 문제인 것이다. 이런 부분은 습관화되면 나중에 제대로 된 방향으로 나아가는 데 심각한 걸림돌이 되고 쉽게 고쳐지지 않는다.

매매는 습관이다. 즉, 우리가 일상생활에서 반복적으로 행동한 부분이 습관이 되고, 습관이 된 부분은 쉽게 고쳐지지 않듯이, 매매도 처음부터 제대로 배우지 않고 손실만 내는 매매습관만을 접하면, 시간이 흘러도 잘못 배운 부분이 쉽게 고쳐지지 않는다. 이러한 잘못된 매매습관이 굳어져 조금 수익이 나다가도 한 번씩 큰 손실이 나는 상황이 계속 반복되는 것이다.

이 부분은 예비 투자자들에게 매우 중요한 내용이지만, 지금까지 해외선물 투자를 해서 손실만을 경험한 해외선물 투자 유경험자들에게 특히나 중요한 부분이다. 지금이라도 과거의 잘못된 매매습관을 고쳐야 지금까지의 손실을 만회하고 진정 매일 수익을 쌓아가는 경지에 오를 수 있다.

해외선물
정녕 답이 없는 걸까?

해외선물 투자자들이 항상 하는 이야기가 있다. 수익을 조금씩 매일 내다가도 어느 날 하루, 뭐에 씌운 것 같이 큰 손실이 나고 그 큰 손실 때문에 또 뇌동매매하다가 더 큰 손실로 이어진 후에는 무서워서 진입을 못 하겠다는 것이다.

이는 해외선물이 보통 때는 그리 큰 어려움이 없는 흐름으로 이어지다가 한 번씩 매우 난해한 움직임을 보이기 때문이다.

화면은 [나스닥선물] 1분봉 차트다. 아래로 향하는 파란색 화살표 지점부터 하락세로 돌아서며 이동평균선을 역배열로 만든 나스닥지수가 주황색 박스 구간에서 갑자기 방향을 틀어 급반등했다. 심지어 오후 10시 48분의 양봉 캔들은 하락의 시작점이었던 파란색 화살표 지점을 상향돌파해 하락세가 끝나고 상방이 시작될 가능성을 높였으나, 이후 고점을 낮추면서 다시 급하게 하락세로 돌아섰다(파란색 박스).

이렇게 돌파와 이탈이 연이어 나타나는 흐름이 나오면 이제 머리가 아프기 시작한다. 주황색 박스를 보면 하락추세에 있던 지수가 언제든 다시 급반등할 수 있을 것 같기도 하고 그렇다고 **이동평균선들이 다시금 완전 역배열(5<20<60<120)로 자리 잡고 있**어 추세적 하락이 본격적으로 시작될 것 같기도 하기 때문이다. 보

통 이럴 때, 개인 투자자들이 손실을 많이 보게 된다. 개인 투자자들은 파생상품인 선물(Futures) 투자를 할 때도 오랜 주식 투자 경험에 많은 영향을 받아 신규매도보다는 신규매수에 익숙하다. 이런 점을 세력들이 모를 리가 없기 때문에 혼돈을 주기 위해서 주황색 박스 같은, 사실 말도 안 되는 급반등 흐름을 보여주고, 그 이후부터 본격적인 하락을 주도한다. 그렇게 해야 하락추세에서 개인들이 급반등에 대한 희망을 품고 계속해서 소위 물타기 매수를 하기 때문이다.

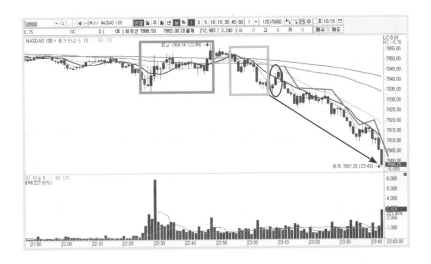

차트를 통해 이후 흐름을 살펴보자. 파란색 박스 이후 흐름이 다시금 주황색 박스와 같이 역배열된 상태에서 급반등이 나올지, 아니면 추세적 하락 흐름이 나올지 애매한 상황에서 20이동평균선(노란색 곡선)까지 단기 반등이 나왔다(빨간색 동그라미)

하지만 이 또한 개인들에게 급반등에 대한 거짓 희망을 주는 즉, 역배열을 이겨내지 못하고 거래량 없는 속임수 적삼병 캔들의 반등으로 이후에 강한 추세적 하락이 나왔다. 개인들은 이때 계속해서 물타기 매수를 감행해 결국 계약 수의 증가로 손실이 눈덩이처럼 커져 하락 5파동의 마지막 장대음봉에 손절하게 된다. 사실 이 장대음봉 지점은 단기 반등(탄성매매) 지점일 확률이 높지만, 추가 손실에 대한 두려움과 공포 때문에 손절할 수밖에 없다. 이때 손절은 물타기로 인해 다계약(2계약 이상)인 상태에서의 손절이기 때문에 상당한 손실을 입게 되고, 이후의 매매에서는 자연스럽게 뇌동매매(오른 후 매수, 내린 후 매도)를 하게 되어 추가손실을 입을 확률이 높게 된다.

그럼 해외선물에서의 지속적 수익은 달성하기 어려운 것일까? 해답은 이 책을 다 읽고 나면 알게 될 것이다. 사실 위의 예시와 같은 흐름에서는 매도포지션을 진입할 때 중요한 패턴을 알고 있어야 한다. 주식이든 해외선물이든 패턴이 가장 중요하다. 패턴이란, 주지표인 가격의 움직임 즉, 캔들이 모여 만들어내는 세력의 발자취다. 세력은 중요한 순간 자신의 흔적을 차트에 남기기 때문에 이를 예리한 촉과 경험으로 빨리 알아차려 세력의 의도한 방향으로 반 박자 빠르게 진입할 수 있어야 지속적인 수익을 낼 수 있다. 그냥 상승추세 같으니 매수, 하락추세 같으니 매도, 이런 식으로 매매하면 역추세(예를 들어, 매수방향이라면 이동평균선 역배열에서 강한 반등)에 당할 확률이 매우 높고, 이 역추세가 시간이 지나 정추세(이동평균선 정배열)가 된다면 시간이 갈수록 손실이 기하급수적으로 늘어날 수 있다. 해외선물은 하락 흐름으로 진행되다가도 어느새 상방으로 방향으로 틀어 고점을 돌파하기도 하고, 상승 흐름으로 진행되다가도 갑자기 하방으로 방향을 바꾸는 경우가 많기 때문에 포지션을 진입할 때는 여러 가지 경우의 수를 다 생각하고 있어야 한다. 또한, 수익이 나고 있다고 가만히 있으면 안 된다. 항상 분할청산을 하는 것이 좋고 방향이 틀렸다고 판단됐을 때는 그 즉시 일단 손절을 단행해야 한다. 늦었다고 판단될 때가 가장 빠를 때다.

가장 중요한 패턴 이외에도 진입 시 고려해야 할 사항이, 예를 들어 하방이 본격화되기 전 상방인 척하는 **속임수(휩소)**가 나왔는지, 이동평균선이 수렴 후 발산하는 초기 시점인지(예시 차트에서는 하락방향이 본격화되기 전 이동평균선이 역배열로 수렴한 상태에서 발산), 지지와 저항은 어디인지, 하락방향이라면 역V자 패턴과 저가놀이 흐름이 나오는지, 하락추세선 상단에서 저항을 받고 다시 연속 음봉이 나는지, 파동이 하락 1~3파 진행 중인지, 아니면 반등이 임박한 5파동 구간인지 등을 모두 고려하면서 포지션 진입과 홀딩을 해야 한다. 이 모든 것들은 종합적으로 볼 수 있어야 수익을 계속해서 쌓아갈 수 있다. 수익과 손실은 종이 한 장 차이지만, 그 종이는 쉽게 뚫리지 않는 강한 종이다. 수익 중에는 강한 확신을 바탕으로 최대한 수익을 챙기고 수상한 낌새가 보이면, 빠르게 포지션을 청산하는 민첩함이 해외선물에서는 반드시 요구된다.

증거금부터
제대로 알고 시작하자

1장에서 선물(Futures)의 개념에 대해 간략히 설명했는데, 선물 거래 시 중요한 것이 증거금이다. 선물은 주식(현물)처럼 실물(증권)을 매수했다가 파는 것이 아니고, 향후 현물의 가격이 올라갈지 내려갈지에 대해 현재 시점에서 계약을 맺는 개념이다. 이 때문에 예를 들어 매수(롱)포지션을 진입했을 때, 매수 몇 계약 이렇게 표현한다.

그럼 선물에서는 주식처럼 가지고 있는 예수금으로 매수 혹은 매도포지션을 진입하면 될 텐데, 왜 증거금이라는 제도를 둘까? 그 이유는 주식처럼 실물이 없기 때문이다. 실물이 없고 계약으로만 이루어지기 때문에 포지션 진입 시 손실 나는 방향으로 지수가 움직일 때, 결제를 책임지는 증권사 입장에서 안전마진을 확보해야 미수금이 발생하는 것을 막을 수 있다. 미수금이 발생한다는 것은 선물(Futures)의 경우, 현물(주식)과 달리 100% 내 돈으로만 계약 체결을 하는 것이 아니고 적은 금액(5~10%)으로 100%에 해당되는 계약을 맺기 때문이다. 주식 매수할 때 신용과 미수를 사용하는 개념과 비슷하다. 특히 해외선물은 변동성이 심하기 때문에 장 중 거래에서도 마진콜(유지증거금의 40% 이하로 예탁금이 감소했을 때, 증권사가 강제로 포지션을 청산)이 발생할 수 있고 오버나잇(포지션을 다음 날로 가지고 가는 것) 포지션의 경우, 주말 등이 사이에 낀다면 월요일 아침에 큰 폭의 갭이 발생하는 경우가 자주 있기 때문에 증거금제도를 두는 것이다.

작년 9월 경, 드론 공격으로 사우디 유조선이 파괴되는 이슈로 크루드오일이 주말이 지나 월요일 아침 900틱 이상 갭 상승(이는 거의 10년에 한 번 나올까 말까 한 갭 상승이었음)이 나왔는데, 이때 많은 증권사가 어려움을 겪었다. 900틱이면 원화로 1계약 당 1,000만 원의 손익이 발생하는데, 크루도오일 증거금이 그 당시 보통 400만 원 전후였기 때문에 매도포지션을 갖고 있던 투자자들에 대해 증권사가 반대매매로 청산할 틈도 없이 손실이 크게 나서 미수금을 회수해야만 하는 상황이 벌어졌다. 이를 계기로 크루드오일 증거금이 550~600만 원까지 상향 조정됐다.

그럼 구체적으로 해외선물 중 주요 종목들에 대한 증거금에 대해 알아보자. 앞에서 언급했다시피 해외선물에는 거래소별, 상품별로 매우 다양하고 많은 종목들이 있는데, 각각 증거금이 크게 차이가 난다. 그런데 같은 종목이라도 국내 증권사별로 증거금이 상이하기 때문에 거래 시작 전에 반드시 체크해야 한다. 증거금은 거래 가능 계약 수와 직결되고 유지증거금의 금액도 달라져 반대매매 기준비율도 달라지기 때문에 중요하다.

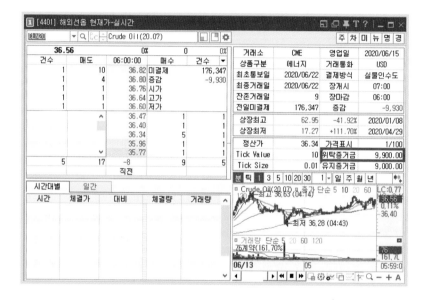

키움증권의 HTS인 영웅문Global에서 [크루드오일(Crude Oil) 선물]의 현재가 화면이다. 여기서 오른쪽 중앙에 빨간색 박스를 보면 **위탁증거금**이 9,900.00으로 되어 있는 것을 확인할 수 있다. 크루드오일은 거래통화가 달러(USD)이기 때문에 최소 1계약을 거래하기 위해서는 9,900달러 이상의 외화가 필요하며, 이는 우리나라 원화로 대략 1,200만 원 정도의 예수금에 해당된다(증권사에서 자동 환전을 해주기 때문에 원화만 가지고 있어도 거래 가능하다).

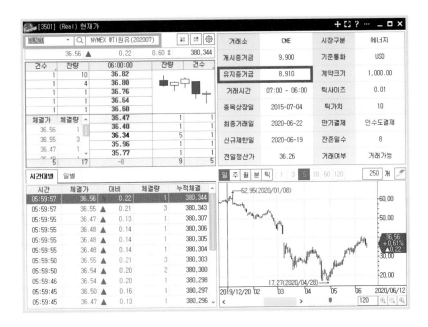

이번에는 유진투자선물의 [크루드오일(Crude Oil)선물]의 현재가 화면을 살펴보자. 중앙의 빨간색 박스를 보면 **유지증거금**이 8,910달러(USD)인 것을 확인할 수 있다. 이 금액은 아까 키움증권의 유지증거금인 9,000달러(USD)보다 10% 정도 적은 금액으로, 원화로 환산하면 대략 1,100만 원에 해당한다. 이렇게 증권사별로 증거금의 차이가 발생하니 거래 전에 꼭 확인해서 자신에게 맞는 증권사를 선택하는 것이 좋다.

특히 최근에는 코로나19 사태로 해외선물의 시장 변동성이 급격한 올라간 상태이기 때문에 증거금이 과거 대비 최소 두 배 이상 올라간 상황이다. 하락 변동성이 점차 완화되면서 증거금이 최고점에서 내려가고는 있지만, 아직도 높은 상황이다. 꼭 증권사, 선물회사별로 증거금을 확인 후, 거래하는 것이 좋다.

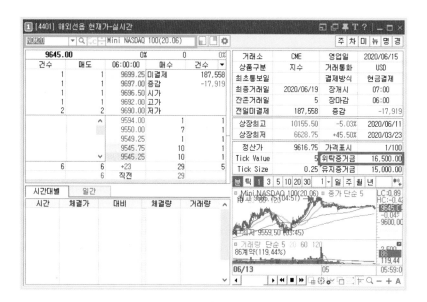

[나스닥(NASDAQ)선물]의 키움증권 영웅문Global HTS 현재가 화면이다. 여기서는 위탁증거금(빨간색 박스)이 16,500달러(USD)로 원화로는 대략 2,000만 원에 해당된다. 즉, 나스닥선물을 1계약 매매하기 위해서는 2,000만 원 정도가 필요하다는 것을 알 수 있는데, 이것도 증권사 및 선물회사별로 약간 상이하니 체크하길 바란다. 만약 거래를 하고 약간의 손실이 발생한 채로 포지션을 정리해서 예탁금이 1,950만 원이 되었다면, 신규로 1계약도 거래할 수 없게 되며 다시 2,000만 원으로 예탁금을 올려놔야 1계약을 거래할 수 있다.

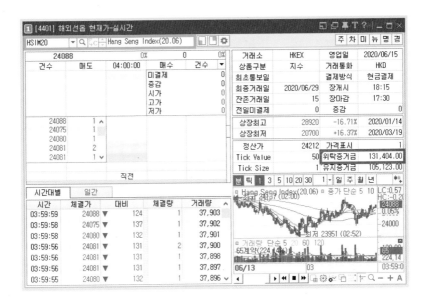

　다음으로 [홍콩항생선물] 현재가 화면을 보면, 위탁증거금이 131,404.00(빨간색 박스)으로 되어 있는 것을 확인할 수 있다. 항생선물지수는 위탁증거금이 홍콩달러로 표시되므로 우리나라 원화로 환산하면 1계약 거래하는 데 2,000만 원 정도의 증거금이 든다. 물론 이 금액도 국내 증권사 및 선물회사별로 상이하다. 홍콩항생선물지수의 위탁증거금이 해외선물에서 가장 높다. 그 이유는 항생지수의 경우, 하루에 고저 폭이 500틱(1계약에 380만 원 정도)이 쉽게 움직이며 1,000틱 가까이 움직이는 날도 종종 나올 정도로 변동성이 가장 높아 위탁증거금이 가장 높게 설정되어 있다.

뇌동매매를
확률로 극복하라!

해외선물에서 대표적으로 유동성이 높은 종목들은 홍콩항생지수선물, 크루드오일선물, 금선물, 나스닥선물, S&P500선물 등이라고 앞에서 언급했다. 유동성이 높은 종목들은 보통 하루에도 고저 폭이 크며 상승파동과 하락파동이 매우 많이 나타나서 수익기회가 많고 수익기회만큼이나 손실기회도 많아진다. 즉, 중심을 잡고 매매하지 않으면 손실이 하루에도 매우 커질 수 있다.

일반인들은 매매에서 고수와 하수의 차이에 대해 오해를 하는 경우가 많다. 고수는 자기만의 기법이 있고, 모든 진입 포지션에서 항상 수익을 보며 매일 수익을 낸다고 생각하지만, 실상은 꼭 그런 것만은 아니다.

물론 고수는 자기만의 기법으로 확률 높은 자리(맥점)에 진입해서 수익을 낼 가능성을 높이는 건 맞지만, 고수와 하수의 결정적인 차이는 손실을 진정으로 인정하느냐에 달려 있다. 고수는 매매하면서 손절을 반드시 잡아 손실을 짧게 제한하고, 수익을 보고 있을 때는 최대한 수익을 끌고 가서 수익 폭을 더 크게 가져간다.

　이와 동시에 추세가 없이 박스권 흐름이라고 판단될 때는 그 전에 추세를 노리다 손실을 봤다 하더라도 당일 매매를 과감히 종료한다. 즉, 하루에 일정 손실 이상은 절대로 내지 않는다는 자신만의 원칙을 칼같이 지킨다. 무리하게 그날 손실을 만회하려고 박스권 흐름에서 다 계약으로 두세 번만 잘못 진입해 손절이 나가면 손실이 기하급수적으로 커질 수 있다는 것을 수많은 경험을 통해 체득했고, 다음 날은 또 좋은 자리와 기회가 반드시 있다는 믿음과 그 기회를 놓치지 않고 잡아서 더 큰 수익을 올릴 수 있다는 신념과 자신감을 갖춘 사람이 진정한 고수다.

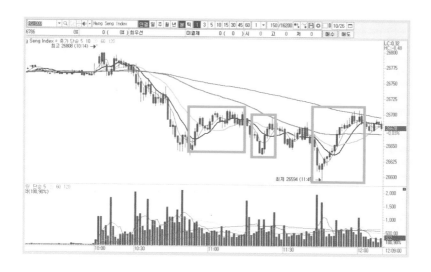

　화면은 [홍콩항셍선물]의 1분봉 차트로, 오전 10시 15분 장 시작 후 15분이 지나 중국상해지수의 시작 시점인 10시 30분부터 본격적인 하락추세로 방향을 잡기 시작했다. 이동평균선이 수렴되었다가 하락방향으로 단기이평선이 순서대로 역배열되면서 항셍선물지수는 약 20분 만에 하락방향으로 100틱 이상 하락했다.

　문제는 차트에서 보이는 세 개의 녹색 박스에 있다. 만약 10시 30분부터의 하락시작 지점에서 매도포지션을 진입했다면 수익을 충분히 취하고 나왔을 것이다. 하지만 이를 놓쳤다면, 하락추세를 믿고 반등 시 매도포지션을 진입하거나 혹은 강한 반등추세로 돌입하는 흐름이라면 매수포지션을 진입해서 추가 반등 시 수익을 낼 가능성을 노릴 수 있다.

그런데 첫 번째 녹색 박스 안의 캔들의 흐름을 보면 추가 하락이 나올지, 추가 반등이 나올지 애매한 캔들의 모습이 나왔다. 즉, 전체적으로는 계속해서 이동평균선 역배열된 상태라 하락 흐름이 이어질 것 같기도 한 반면, 적4병 포함 양봉 캔들이 20이동평균선(노란색 곡선)을 두 번 돌파하고 계속해서 눌릴 때마다 적3병 캔들을 포함해서 장대양봉의 캔들이 두 번이나 각도를 세우면서 하락추세를 끝내는 것 같은 흐름을 보여줬기 때문이다.

결과적으로는 다시금 추세하락 흐름이 나왔으나 두 번째 녹색 박스에서 강한 V자 급반등이 나왔다. 또 세 번째 녹색 박스에는 하락 시작점보다 더 높은 V자 급반등이 출현해서 잘못하면 매수포지션도 손절되고 매도포지션도 손절되는, 즉 양방향으로 손실이 나는 최악의 상황이 벌어질 수도 있는 박스권 흐름이 나왔다.

보통 이런 박스권 흐름이 나오게 되면 이후에도 썩 좋은 추세의 흐름이 나오지 않게 된다. 즉, 세 개의 녹색 박스에서 손절이 세 번 나갔다면, 이날은 절대로 추가 거래를 안 하는 것이 좋다는 뜻이다. 설령 진입을 안 해서 손절이 없었다면 그냥 그날은 쉬는 것이 상책이다. 여기서 더 거래해봤자 수익을 크게 올릴 가능성보다는 추가로 손실이 계속 발생할 확률이 높기 때문이다.

박스권에서는 대응보다는 예측이 들어간 역방향 매매를 해야 하기 때문에 만약 박스권의 상하단이라고 생각되는 지점에서 역방향 포지션을 진입했는데, 그 상하단의 저항과 지지가 상향돌파나 하향이탈된다면 또 손절이 나갈 수밖에 없게 된다.

만약 박스권 흐름이라고 판단되었는데도 매매를 계속한다면 '뇌동매매'를 하고 있다고 볼 수 있다. **'뇌동매매'**란, 수익을 낼 수 있는 확률 높은 단기 추세 맥점에서 진입하는 것이 아니라 오르면 더 오를 것 같아서 매수, 내리면 더 내릴 것 같아서 매도라는 식의 따라가는 매매를 일컫는다.

추세를 무시하고 손절도 안 잡고 역방향 매매만을 하는 사람은 크게 손실 날 확률이 매우 높은데, 이 '뇌동매매'를 하는 사람도 양방향으로 손절을 계속 내다 보면 그 손실 규모가 쌓여서 역추세 매매로 크게 손실 난 것과 비슷한 규모가 되는 경우가 많다.

이러한 '뇌동매매'를 막는 유일한 방법은 확률로 이겨내는 것이다. 여기서 확률이란, 특정한 날의 흐름이 박스권이라고 판단됐다면 더 이상 거래하지 말고, HTS를 끄고 다음 날의 추세장을 준비하는 것이다. 즉, "내일은 또 다른 태양이 떠오른다"라는 주식의 격언을 상기하며, 추세의 날로 박스권의 날을 이겨내는 것이다. 보통 추세장을 보이는 날이 박스권을 보이는 날보다 훨씬 많기 때문에 확률적으로 이기는 게임을 하게 된다. 물론 추세장의 흐름에서 중요한 진입 맥점은 알고, 그 지점에서 바로 진입할 수 있는 민첩성과 과감성, 순간적인 결단력이 전제되어 있어야 한다.

이제부터 실전에서 수익 낼 확률이 매우 높은 패턴과 맥점(타점)에 대해 본격적으로 알아보자.

3^장

해외선물 정복하기 ①
심리

되돌림파동과
절반의 자리

해외선물에서 세력들은 인간의 욕망과 공포의 감정을 아주 잘 이용한다. 세력들은 강한 상승파동이 시작되면 끝없이 올라갈 것 같고, 강한 하락파동이 시작되면 마찬가지로 지속적으로 급락할 것 같은 흐름을 만든다. 하지만 시간이 조금 지나고 보면 그런 흐름에서는 오히려 강한 되돌림파동이 자주 나온다.

그 이유는 강한 추세방향을 확신하고 뒤늦게 따라 들어간 초보 투자자들 돈이 세력들의 주 수입원 중 하나이기 때문이다. 물론 한 방향으로 계속 폭등이나 폭락이 나오는 경우도 있지만, 그런 경우는 빈도가 매우 낮은 반면, 되돌림파동이 나오는 빈도는 훨씬 높다. 그럼 강한 충격 파동 후에 이 흐름이 빈도가 낮은 충격 파동과 같은 방향의 지속적 흐름인지, 아니면 빈도가 높은 되돌림파동인지를 어떤 기준으로 판단해야 할까?

이에 대한 해답을 해외선물 각 주요 상품별로 알아보도록 하자.

1. [나스닥선물], 되돌림과 절반의 자리

[나스닥선물] 1분봉 차트로, 큰 파란색 박스에서 강한 하락파동의 흐름이 시작됐다. 또한 하락시작 지점에서 대음봉캔들이 대량의 거래량도 동반하고 있고 이동평균선도 역배열로 자리를 잡고 있는 모습으로 투자자들은 이후(파란색 박스 오른쪽 하단)에도 보통 추가 하락을 예상하고 매도포지션을 진입한다.

그런데 좀 이상한 모습이 포착된다. 대량의 거래량이 동반된 대음봉캔들을 자세히 관찰해보면, 캔들의 몸통보다 아래꼬리가 더 긴 것을 알 수 있다. 즉, 매도세가 매수세를 완전히 장악하지는 못하고 있다고 볼 수 있는 1차 신호다.

다음으로 주황색 박스 내의 빨간색 선을 주목해보자. 이 빨간색 선은 앞의 하락캔들이 연속해서 나오면서 고점부터 저점까지 급락한 폭의 절반이 되는 자리다. 흐름을 보면, 반등을 시도하면서 이 빨간색 선까지 두 번 도달한 후, 저항을 받았다가 재차 반등하면서 빨간색 선을 역시 두 번 돌파(녹색 동그라미)한 것을 확인할 수 있다. 즉, 하락폭의 절반 이상을 반등파가 파고들었다는 점이 매도세가 매수세를 완전히 장악하지 못하고 있다는 2차 신호다. 이후의 흐름을 살펴보도록 하자.

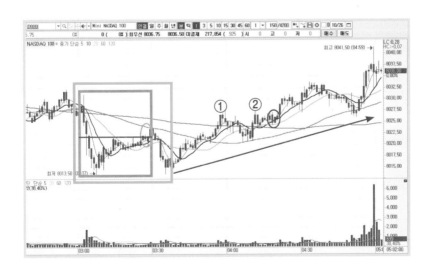

차트에서 이후 흐름을 보면, 파란색 박스를 벗어나자마자 하락
으로 가기는커녕 횡보도 아닌 우상향으로 흐름을 바로 보여주면서
매도포지션을 진입한 투자자들이 손절하지 않고서는 버틸 수 없게
만들었다. 물론 하락추세에 있었기 때문에 정배열을 갖춘 상승 흐
름에 비해서는 상승파동이 지저분하지만, 이는 역배열된 상태에서
는 마디저항이 많기 때문에 당연히 나올 수밖에 없는 모습이고, 상
승폭으로만 보면 결코 적은 수준이 아님을 알 수 있다.

반등 파동 중간에 빨간색 동그라미 지점은 안정된 단기 매수포
지션 진입 맥점이라고 할 수 있다. 즉, 앞의 2번(숫자 1, 2)의 상승
이 단기 고점에서 나오는 쌍봉인 것처럼 보이지만 사실 이것을 쌍
봉이 아니며 두 번째 상승(2번) 이후 흐름이 단기 횡보(고가놀이)를
보이면서 빨간색 동그라미 지점에서 양음양, 양음양양 캔들 조합
을 만들었기 때문에 이는 앞의 두 고점(2 Top)을 돌파하는 매수
맥점이라고 할 수 있다.

2. [금^Gold 선물], 되돌림과 절반의 자리

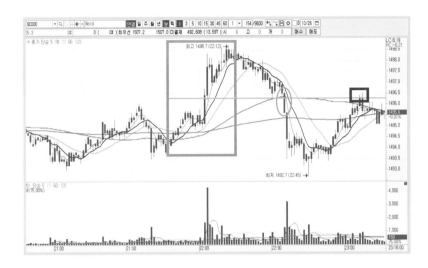

이번에는 [금(Gold)선물] 1분봉 차트를 살펴보자. 주황색 박스 부분에서 강한 상승파동이 나왔지만, 이후 지수의 흐름은 고점을 넘기지 못하고 **20이동평균선**(노란색 곡선) 아래로 이탈하면서 급락이 나왔다. 그런데 여기서 중요한 부분이 파란색 평행선 지점이다. **이 지점은 주황색 박스에서 나온 상승폭의 절반에 해당되는 자리로**, 이 지점이 강하게 하락이탈(녹색 동그라미)되면서 상승의 시작점(주황색 박스 왼쪽 하단) 이하로 급락했다. 급락 이후 다시금 반등이 나왔지만, **파란색 평행선 지점**을 돌파하지 못하고 다시 음봉이 나왔다(파란색 박스). 이후의 흐름을 살펴보자.

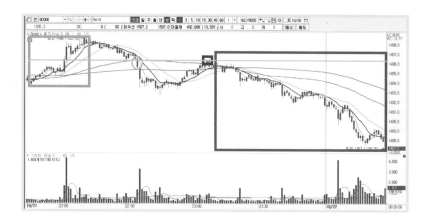

　　이후의 흐름을 보면, 정확히 중심선(파란색 평행선)을 돌파하지 못한 이후, 보라색 박스 부분에서 깔끔한 원웨이 하락이 나왔다. 즉, 처음 상승파동 이후 중심선이 이탈된 이후 이 중심선을 다시금 돌파하지 못하면 이렇게 급격한 계단식 하락이 전개된다. 여기서 깔끔한 원웨이 하락이라고 표현하는 것은 재차 하락이 시작된 이후 충분히 하락이 진행될 때까지 20이동평균선(노란색 곡선)을 단한 번도 탈환(훼손)하지 않고 '저가놀이'(L자형 패턴)와 함께 계단식 하락이 나왔기 때문이다. 이런 되돌림파동과 절반의 자리를 알고 있다면 파란색 박스 이후부터 매도포지션을 진입해서 100틱 가까운 수익(원화로 1계약 당 대략 120만 원)을 낼 수 있다.

3. [홍콩항생선물], 되돌림과 절반의 자리

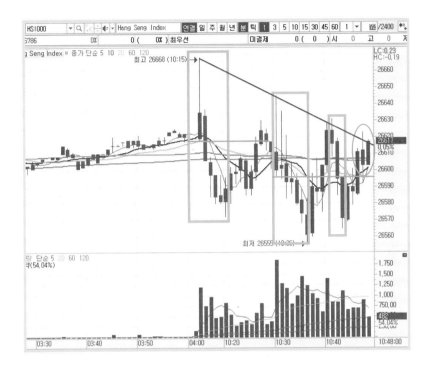

　다음으로 [홍콩항생선물] 1분봉 차트에서 되돌림파동과 중심선을 알아보자. 위 차트에서 세 개의 파란색 박스는 단기하락파동이다. 여기서 하락폭의 절반 자리인 중심선이 주황색 평행선으로 표시되어 있다. 차트를 잘 살펴보면 하락파동이 나온 이후 세 번 반등이 나오는데, 이 세 번의 반등 모두 절반의 자리인 중심선을 계속 돌파하는 것을 볼 수 있고 마지막 녹색 동그라미 지점에서는 양음양캔들 조합이 출현하면서 하락추세선 상단(빨간색 선)까지 돌파한 것을 확인할 수 있다. 이후 흐름을 보도록 하자.

이후의 흐름을 보면, 녹색 동그라미 지점부터 본격적인 상승파
동을 만들며 100틱 이상 가뿐히 상승했다. 항셍선물지수의 1틱 당
가치는 원화로 7,700원 정도 하므로 1계약 당 100틱 수익이면 대
략 77만의 수익을 올리게 된다. 이렇게 되돌림파동과 중심선돌파
가 연속해서 나온 후, 중요한 캔들의 조합(여기서는 양음양캔들 조
합)과 하락추세선 상단이 돌파되는 지점이 매수포지션 진입의 맥
점이 될 수 있다.

4. [크루드오일^{Crude Oil}선물], 되돌림과 절반의 자리

　　이번에는 [크루드오일(Crude Oil)선물] 1분봉 차트를 보고 되돌림파동과 중심선돌파를 살펴보자. 위 차트에서 두 개의 파란색 박스를 보면, 단기하락폭의 중심자리가 주황색 평행선이다. 두 개의 녹색 동그라미 지점에서 이 중심선들이 연속해서 돌파됐다. 여기서 돌파할 때의 캔들 조합이 양양음양, 양음양양캔들 조합으로 강한 단기 매수 맥점임을 알 수 있다. 특히 두 개의 파란색 박스를 비교해보면, 중심선과 파동의 저점이 모두 올라가고 있어 향후 추세 상승을 암시하고 있다. 이후의 흐름을 보도록 하자.

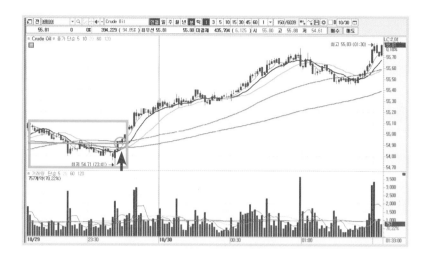

　이후의 흐름을 보면, 두 번째 파란색 박스의 중심선까지 양음양
캔들 조합으로 상향돌파한 후, 본격적인 우상향의 추세상승 흐름
이 나왔다. 이렇게 단기하락파동의 절반의 자리가 연속해서 돌파
되고 중심선과 파동의 저점이 동시에 올라가고 있을 때는 본격적
인 상승세를 준비하는 모습이라고 할 수 있다.

주식 투자로 인한
매수마인드를 과감히 버려라!

해외선물이 주식과 크게 다른 점은 증거금과 제도와 만기일이 있다는 것, 그리고 주식처럼 실물 보유가 아닌 계약 거래라는 것인데, 이것보다 더 중요한 차이점은 양방향 거래가 가능하다는 것이다. 국내 코스피200 주가지수선물 거래를 해본 투자자들은 선물의 양방향 거래를 쉽게 이해할 수 있지만, 주식만 거래한 투자자들은 양방향 거래가 생소할 수 있다.

지수가 상승방향으로 움직일 때, 맥점을 포착해 매수포지션을 진입해서 추가 상승이 나오면 수익을 실현하는 것은 주식과 동일하다. 그런데 하락의 징후가 보이고 추세가 무너질 때 하락 초입에서 매도포지션을 진입해서 추가 하락 시 수익실현을 해야 하는데 이때 신규로 매도포지션을 잡는 것이 처음에는 이해가 잘 안

될 수 있다.

이때 신규 진입하는 매도포지션은 주식의 공매도와 같은 개념이다. 공매도란, 내가 주식을 보유하고 있지 않은 상태에서 미리 주식을 증권사로부터 빌려와서 높은 가격에 먼저 매도를 하고, 주가가 내리면 낮은 가격에서 매수(환매수)를 해서 빌려온 주식을 일정 이자와 함께 다시 돌려주고, 고점매도와 저점매수한 차이만큼 수익을 취하는 것을 말한다. 물론 높은 가격인 줄 알고 공매도를 했는데, 주가가 더 올라가서 더 높은 가격에 매수(환매수)를 하게 되면 손실을 볼 수도 있다. 이는 주식을 매수했는데 매수한 가격보다 더 내려가서 손절매한 것과 같은 개념이다. 이렇게 주식 공매도의 개념과 같은 것이 해외선물에서 신규 매도포지션(계약)이다.

자, 그럼 해외선물에서 양방향 거래가 가능하다는 주식과의 차이점이 왜 중요한 걸까? 주식 투자자의 비율은 아무래도 해외선물을 포함한 선물 투자자들보다 훨씬 크다. 원래 선물(Futures)이라는 거래형태가 주식에 대한 헤지(Hedge)(보유 주식이 하락할 때 거래비용 때문에 주식을 전량 매도하기보다는 증거금제도를 활용해 비용이 적게 드는 선물매도포지션을 통해 +델타를 낮추는 방법)를 하기 위해 탄생한 것이고, 여기에 차익 거래와 투기 거래(단방향 거래)가 가세해서 선물 시장을 형성하는 것이라 비율적으로는 주식 투자자의 인구에 비해 훨씬 적다.

이 말은 해외선물을 거래하는 개인 투자자들 대부분이 주식 투자를 오랜 기간 경험했던 사람들이라는 뜻이다. 주식 투자 경험 없이 해외선물을 먼저 시작하는 투자자들도 간혹 있지만, 대부분 주식 투자에서 재미를 못 느꼈거나 주식을 매수했는데 많이 하락해서 큰 손실을 본 경험을 통해 하락에도 수익을 낼 수 있는 해외선물 시장에 진입한 경우가 많다.

이 부분이 중요하다. 즉, 해외선물을 거래하는 일반 개인 투자자들은 아무래도 주식 시장에서의 매수 경험에 익숙한 나머지, 상승 추세인 척하다가 급하게 하락이 나올 때 손절을 못 잡고 물타기 하다가 본격 하락추세에 큰 손실을 입는 경우가 많고, 속임수 하락 이후 반등 초입을 놓치고 상당폭 상승한 후에 매수를 진입하는 경향이 많이 다시 반락에 당하는 경우가 많기 때문이다.

세력들은 대부분의 개인 투자자들이 매수마인드에 잡혀 있는 점을 적극(?)적으로 활용해서 상승추세에서도 단기 큰 폭의 속임수 하락을 만들고 다시 상승시키기도 하고, 시초가에서부터 상승인 척 연속캔들로 끌어 올리다가 급하게 산을 만들고 급락시킨 이후 본격적인 하락추세를 만들기도 하기 때문에 주의를 기울여야 한다. 사실 해외선물 거래에서는 매도를 잘해야 수익을 꾸준히 낼 수 있다.

그럼 각 종목을 통해 해외선물을 거래하면서 매수마인드에서 왜 벗어나야 하는지 알아보자.

1. 매수마인드 벗어나기(나스닥선물)

    [나스닥선물]의 1분봉 차트다. 하락하던 지수가 오후 4시를 기점으로 상승추세로 돌리더니 오후 1시의 고점을 돌파하고 오후 4시 30분부터 고가놀이(고점 부근에서 세력이 에너지를 보강하는 횡보구간)를 만들고 오후 5시 15분 최대거래량을 동반하면서 직전 고점(파란색 평행선)을 돌파하는 장대양봉이 나왔다. 보통 주식을 거래하는 투자자들이라면 이건 '진짜 돌파'라고 생각하기 때문에 바로 매수로 따라가거나 살짝 눌릴 때 눌림목을 이용해서 매수하려고 할 것이다. 그런데 해외선물에서는 이런 예상이 잘 먹히지 않을 때가 많다. 이후 흐름이 어떻게 전개되는지 살펴보자.

예상대로 상승방향으로 움직였는가? 오후 5시 15분에 그 당시 1분
봉 최대거래량을 동반하며 직전 고점(파란색 평행선)을 장대양봉으
로 돌파한 지수는 그 이후 파란색 평행선에서 반등하지 못하고 바
로 하락이탈한 후, 직전에 돌파한 장대양봉의 저점 아래까지 하락
이탈했고, 이후 반등했으나 여전히 파란색 평행선을 돌파하지 못
하고 오후 6시 이후 이전 최대 거래량보다 더 큰 거래량을 동반한
장대음봉이 나오면서 본격적인 하락추세로 전환됐다.

만약 매수마인드에만 빠진 나머지, 5시 15분 양봉이나 이후 어
설픈 눌림에서 매수포지션에 진입했다면 손절이 나가게 되고, 손
절을 안 잡았다면 어디까지 하락할지 모르는 공포감에 큰 손실
로 저점에서 포지션을 청산하게 될 가능성이 크다. 고점 부근인
8,135~8,139포인트에서 저점 부근인 8,082~8,085포인트까지

의 하락폭은 나스닥선물 1계약 당 200틱이 넘고, 이를 원화로 환산하면 110만 원이 넘는 금액이기 때문이다. 하락하는 중간에 살아나기 위해 물타기까지 계속 감행했다면 다계약으로 인한 손실 금액은 몇백만 원까지 올라갈 수 있다. 해외선물에서는 이렇게 하락추세로 가기 전, 속임수 상승이나 속임수 장대양봉이 자주 나오니 주의할 필요가 있다.

2. 매수마인드 벗어나기(크루드오일^{Crude Oil} 선물)

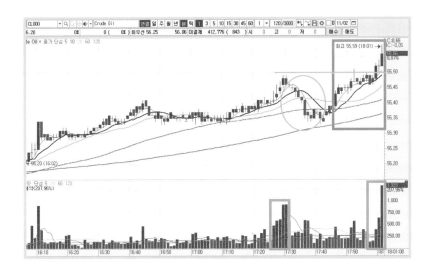

이번에는 [크루드오일(Crude Oil)선물] 1분봉 차트를 보도록 하자. 크루드오일선물지수의 흐름을 보면 오후 4시 10분부터 이동 평균선 완전 정배열을 만들고 지속적으로 상승 흐름을 만들다가 오후 5시 25분부터 거래량이 증가(첫 번째 녹색 박스)되면서 직전 고점을 돌파했고 다시 눌렀다가 재차 오후 6시 부근에서 직전 최대 거래량보다 더 큰 거래량을 동반(두 번째 녹색 박스)하면서 또다시 직전 고점(파란색 평행선)을 돌파하는 진짜 돌파(?)가 나왔다. 주황색 박스 부분이 다시금 완전정배열로 돌입하면서 직전 고점을 돌파하는 흐름을 보여주고 있다.

보통 주식에서는 이동평균선 정배열의 우상향추세에서 직전 수

개월 내 최대거래량과 함께 직전 고점을 돌파하면 진짜 돌파일 확률이 높고, 이후에도 지속적인 상승 흐름을 보이는 경우가 많다. 하지만 해외선물에서는 누구나 아는 그런 자리가 때로는 강한 함정일 때가 있다. 특히 파란색 동그라미 부분에서 **60 이동평균선**(녹색 곡선)까지 이탈하는 강한 반락이 나왔는데, 상승추세가 일정 시간 이상 지속되다가 이렇게 나름 큰 반락이 나왔을 때는 경계해야 한다. 이후의 흐름을 살펴보자.

　이후의 흐름을 보면, 앞의 **나스닥선물지수의 반락 후 하락추세로 돌입한 차트와 흡사함**을 알 수 있다. 위 차트에서 주황색 박스에서 대량의 거래량을 동반하며 진짜 돌파인 것처럼 연속양봉캔들이 출현했지만, 곧바로 더 많은 거래량이 터지면서 장대음봉으로 이전 직전 고점이었던 파란색 평행선을 하락이탈한 후, 이 지점을 재

돌파하지 못하고 바로 하락추세로 돌입했다. 완전정배열 상승 흐름이 이 지점에서 완전역배열 하락 흐름으로 전환된 것이다. 고점 부근인 55.50~59에서 저점 부근인 54.77~84까지는 거의 80틱 이상이 하락했는데, 이 폭을 원화로 환산하면 1계약 당 90만 원에 가까운 금액으로, 여기서도 중간에 물타기를 여러 번 감행했다면 다계약으로 손실금액은 몇백만 원으로 커질 수 있다.

계속해서 강조하지만, 해외선물에서는 주식 투자하던 식의 매수 마인드에서 빨리 벗어나야 한다. 즉, 해외선물 투자에서는 누구나 볼 수 있는 자리는 진정한 진입 맥점이 되지 않을 가능성이 크고, 오히려 역방향으로 가는 출발점이 될 수 있음을 명심해야 한다.

3. 매수마인드 벗어나기(홍콩항생선물)

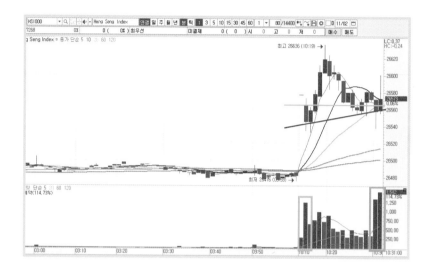

다음으로 [홍콩항생선물] 1분봉 차트를 보도록 하자. 위 차트는 항생선물지수 시장이 시작된 오전 10시 15분에서 중국상해지수 본장이 시작된 오전 10시 31분까지 지수의 흐름을 보여주고 있다.

보통 항생선물지수는 중국상해지수가 시작된 시점 이후에 본격적인 방향성이 나온다. 차트에서 지수의 흐름이 저점을 높이면서 약하지만, **우상향추세**(빨간색 선)를 보여주고 있다. 또한, 항생지수의 시초가 부근에서도 첫 캔들 이후에 적4병이라는 강한 캔들 조합이 나왔고, **당일 시초가 지점**(파란색 평행선)을 오전 10시 31분 캔들이 다시 돌파하면서 시초가 캔들의 음봉거래량(파란색 박스) 뛰어넘는 최대거래량(녹색 박스)이 출현했다. 이 돌파 양봉 캔들의 위꼬리가 길긴 하지만, 시초가 돌파 및 최대거래량 등으로 '진짜 돌파'라고 인식하고 대부분의 투자자들은 상승 우위를 예상하면서 매수포지션을 진입한다. 하지만 해외선물은 누구나 볼 수 있고 예상하는 방향으로는 거의 가지 않는다. 이후의 흐름을 살펴보자.

이후의 흐름을 보면, 오전 10시 31분의 시초가 라인(파란색 평행선)을 최대거래량으로 돌파한 위꼬리 양봉 캔들 바로 다음 음봉캔들(화살표)이 시초가라인과 상승추세선 하단(빨간색 선)을 한 번에 하락이탈하면서 본격적인 하락추세로 돌입하는 모습을 볼 수 있다. 고점 부근인 26,580포인트에서 저점 부근인 26,480포인트까지 대략 100틱 정도의 하락폭이 나왔는데 이를 원화로 환산하면 1계약 당 약 77만 원에 해당되고, 역시 하락 흐름 중에 물타기를 감행했다면 다계약으로 손실금액이 크게 늘어날 수 있게 된다. 물론 하락할 때의 파동을 보면, 반등이 제법 크게 나오고 있어 큰 하락추세를 만들지는 않을 가능성이 높지만, 일단 해외선물에서는 방향성이 틀리면 실패를 인정하고 빨리 포지션을 정리한 후, 다음 기회를 모색하는 것이 매우 중요하다. 여기서도 결국 매수마인드에 사로잡힌 순진한(?) 투자자들의 쌈짓돈을 세력이 가져간 것이라 할 수 있다.

4. 매수마인드 벗어나기(금^{Gold}선물)

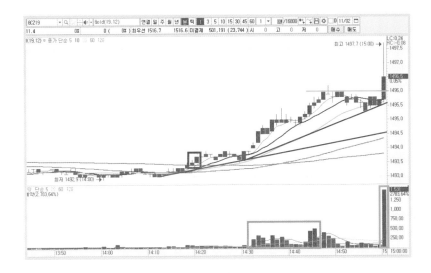

마지막으로 [금(Gold)선물] 1분봉 차트를 살펴보자. 위 차트를 보면 오후 2시 20분에 역배열된 마지막 120이동평균선을 연속양봉캔들로 돌파(빨간색 박스)한 이후, 이동평균선을 정배열로 만들고 거래량을 증가시키면서(주황색 박스) 우상향추세를 만들었다.

상승 흐름을 지속하던 지수는 오후 2시 50분경 고점라인(파란색 평행선)을 형성한 후, 약간의 눌림목을 주고 오후 3시 정각에 최대거래량(녹색 박스)을 동반한 장대양봉이 출현하며 앞 고점(파란색 평행선)을 돌파했다. 물론 이 장대양봉캔들이 완성될 때 위꼬리를 길게 만들었지만, 캔들의 바디(몸통)도 어느 정도 되고 거래량이 직전 최대거래량보다 세 배가량 많이 터져 향후 본격적으로 추세 각도를 세우면서 강한 상승세를 보일 것으로 많은 투자자들이 예상한다. 그럼 과연 강한 상승추세로 돌입할지 향후 흐름을 보도록 하자.

　　이후 흐름을 보면, 오후 3시에 최대거래량을 동반하면서 **직전 고점**(파란색 평행선)을 돌파한 위꼬리 장대양봉이 출현한 이후에 추가 상승을 이어가려고 했지만, 결국 **장대양봉의 꼬리의 절반**(주황색 평행선, 보통 앞의 중요한 캔들의 절반 자리가 저항 마디가임)을 돌파하지 못하고 오히려 **직전 고점**(파란색 평행선) 라인을 하락이탈하면서 본격적인 하락추세로 돌입했다. 물론 오후 3시 17분에서 120 이동평균선에서 지지를 받으면서 오후 4시까지 약간의 반등을 시도했지만, 계속해서 파란색 평행선의 저항을 돌파하지 못하고 이내 하락각도를 세우면서 추세하락이 나왔다. 만약 오후 3시의 장대양봉에서 진짜 돌파인줄 알고 매수포지션에 진입했고 짧은 손절을 잡지 않았다면 70~80틱 정도의 하락을 감수해야 할 상황으로 반전된 것이다. 금선물지수 1계약 당 1틱의 가치가 10달러이기 때문에 70~80틱이면 700~800달러이고, 이를 원화로 환산하면 대략 84~96만 원에 해당하는 적지 않은 금액이다. 역시 중간에 물타기로 매수포지션이 다계약으로 늘었다면 손실금액이 수백만 원에 달할 수 있다.

본격 하락은
산에서 시작한다

앞에서 오랜 주식 투자 경험으로 인해 어설프게 매수마인드에 빠져 있으면 해외선물 투자에서 큰 낭패를 경험할 수 있다고 강조했다. 그러면 해외선물지수 흐름의 특성 중 하락이 본격화되기 전, 고점 부근에서 나타나는 강력한 하락 패턴 및 신호에 대해 알아보도록 하자. 이것은 상승이 본격화되기 전 바닥에서 나오는 패턴 및 신호와 거의 정확히 반대되는 상황이므로 바닥권에서 매수포지션을 진입하는 데도 도움이 될 수 있다.

해외선물에서 특징적인 중요한 흐름 중 하나는 고점에서 '산'을 만들고 본격적인 하락추세를 만드는 경우가 많다는 것이다. 물론 직전의 상승 흐름이 산을 만드는지 계속적인 관찰이 필요하지만, 산을 만들 때 앞의 상승 흐름에는 하락을 암시하는 특징적인 신호들이 있기 때문에 이를 포착할 수 있다면 고점 부근에서 하락을 미리 준비해 매도포지션으로 수익을 올릴 수 있다.

1. [나스닥선물]에서의 '산'

　　[나스닥선물] 1분봉 차트를 보자. 이날 오후 4시 15분에 각도를 세우면서 직전 고점을 돌파하는 강한 상승세가 한 번 나온 이후에 하락파동을 만들면서 상승 출발점 부근까지 밀렸다가 오후 6시부터 재차 상승파동을 만들면서 아까 오후 4시 15분 이후의 상승 고점을 돌파(노란평행선)하는 상승세를 보여줬다. 이후 고점 7,958.50포인트를 찍고 하락조정파동에 돌입했는데 여기서 파동이 재상승을 위한 하락조정파동인지, 아니면 본격적인 하락파동의 시작인지 구별할 수 있어야 한다.

　　여기서 녹색 동그라미를 주목해보자. 오후 4시 30분 이후 하락조정파동이 진행될 때 어설프게 장대양봉을 만들었다가 종가상 위꼬리가 긴 양봉캔들로 마감했는데, **20이동평균선**(노란색 곡선)을 돌파했다가 종가상 돌파에 실패한 캔들이라고 할 수 있다. 이 캔들은 추가 상승 시 고점 부근에 강력한 매도세력이 있음을 암시하는 신호라고 할 수 있다.

또한 오후 6시 이후 재차 상승추세를 보인 지수를 잘 살펴보면 상승 3파 이상으로 진행된 것을 알 수 있다. 즉, 상승 3파 이상의 파동이 나온 이후에는 자연스럽게 하락조정파동이 시작되는데 이때 **상승추세선 하단**(빨간색 대각선)을 이탈했을 때는 재돌파 여부가 중요하다. 즉, 아직 하락조정파동인지 본격적인 하락파동의 시작인지 명확히는 알 수 없으나 상승추세선 하단이 이탈되었을 때(첫 번째 하락화살표)가 1차 매도포지션 진입 시점이라고 할 수 있다. 왜냐하면, 녹색 동그라미에서의 긴 위꼬리 캔들로 매도의 힘을 짐작할 수 있고, 오후 6시 이후의 상승세의 시작점이 **이동평균선 단기 역배열 지점**이라 상승의 힘이 강하지 못할 가능성이 크기 때문이다.

이후 상승추세선 하단(빨간색 대각선)을 재탈환하지 못하고 그대로 하락을 지속하다가 앞 저점(파란색 평행선)까지 하락이탈하게 되는 지점(두 번째 하락화살표)이 2차 매도포지션 진입 시점이 된다.

여기까지 지수가 하락하게 되면 상승 시작점과 고점, 그리고 화면의 오른쪽 하락 지점까지 소위 '**산**'을 만들게 된다(두 개의 주황색 대각선).

보통 '산'을 만들 때 상승의 시작점은 이렇게 이동평균선이 역배열된 지점에서의 상승에서 많이 나온다. 그 이유는 강한 상승추세를 이어가려면 상승의 시작점이 화면처럼 너무 많이 눌리면 안 되기 때문이다. 이후의 흐름을 보도록 하자.

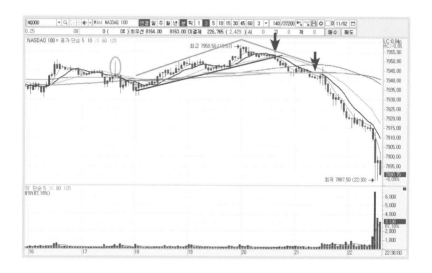

이후의 흐름을 보면, 두 개의 하락화살표 지점이 정확히 1차, 2차 매도포지션 진입 맥점임을 알 수 있다. 1차 매도진입 지점이 대략 7,950포인트이며, 2차 매도진입 지점이 대략 7,940포인트 지점으로 **20이동평균선**(노란색 곡선)이 탈환(돌파)되지 않을 시 매도포지션을 계속 보유한다는 원칙으로 홀딩했다면 저점 부근인 7,890포인트까지 1계약 당 50~60포인트, 틱 가치로는 200~240틱의 수

익을 올릴 수 있다. 원화로 환산하면 1계약 당 대략 110~132만 원에 해당되는 금액으로 다계약 진입 시에는 단 2시간 만에 수백만 원의 수익을 얻을 수 있다.

이렇게 어설픈 상승파동 이후에 소위 '산'을 만들면 그 산은 본격적인 하락의 시작점이 되는 경우가 많기 때문에 캔들과 파동, 지지와 저항을 유심히 관찰해 매도 진입의 맥점을 잡는 것이 수익 극대화 방법 중 하나다.

2. [크루드오일^{Crude Oil} 선물]에서의 '산'

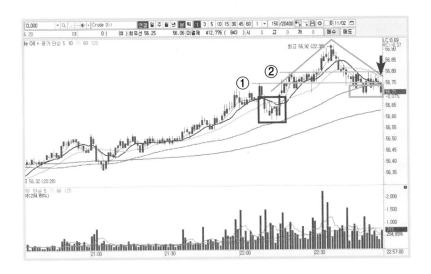

다음으로 [크루드오일(Crude Oil)선물] 1분봉 차트를 보자. 위 차트를 보면, 오후 9시 30분 전후로 이동평균선 완전정배열을 만들면서 우상향추세로 상승을 지속하다가 오후 10시 10분~15분에 고점(1번)을 만들고 20이동평균선을 이탈하는 반락(빨간색 박스)를 보였다. 이후 재상승해 전고점(1번)과 새로운 고점(2번)을 뛰어넘는 상승을 보이면서 최종 56.92포인트라는 최고점을 형성했다.

여기서 최고점이라고 표현한 것은 그 지점 이후 소위 '**산**'을 만드는 역V자 패턴을 만들었기 때문이다. 파동에서 중요한 점은 하락파동이 조정파동이냐, 아니면 본격 하락파동이냐를 판별하는 것인데, **핵심적인 판별기준은 저항으로 작용했던 직전 고점 부근에**

서 지지를 받느냐 여부다. 위 예시 차트에서는 전고점이었던 1번과 2번 지점이 모두 하락이탈되었고 추가로 **60 이동평균선**(녹색 곡선)까지 두 번 하락이탈되면서 '**산**'(두 개의 주황색 대각선)을 완성했기 때문에 본격적인 하락추세로 돌입한 것으로 판단할 수 있다. 이후의 흐름을 살펴보자.

이후의 흐름을 보면, 설명한 대로 고점에서 '**산**'을 만들면서 전고점(파란색 평행선)들이 차례로 이탈되고 동시에 60 이동평균선(녹색 곡선)이 두 번 이탈되는 지점(파란색 화살표)이 본격적인 하락추세의 시작점이자 매도포지션을 진입할 수 있는 맥점이라고 할 수 있다. 매도진입 단가인 56.70포인트에서 저점인 55.90포인트까지 80틱 정도의 하락이 나왔는데 원화로 환산하면 1계약 당 90만 원에 해당하는 금액으로, 다계약 진입 시 거의 1시간 10분 만에 수백

만 원의 수익을 올릴 수 있게 된다.

그런데 '**산**'을 만들 때 가장 중요한 단서가 있다. 즉, 앞에서 설명한 대로 최고점이 전의 전고점(파란색 평행선)들이 모두 하락이탈되는 것도 중요한 단서지만, 위 차트에서 빨간색 박스에서 볼 수 있듯이 상승파동 중간에 조정폭이 큰 단기하락 구간을 항상 먼저만든다는 점이다. 이걸 소위 상승추세를 '기스' 낸다고 표현하는데, '산'을 만들기 전 거의 항상 이런 '기스' 구간이 존재한다는 점은 꼭 숙지하기 바란다.

3. [금^{Gold}선물]에서의 '산'

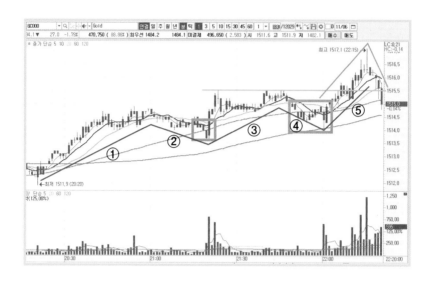

이번에는 [금(Gold)선물] 1분봉 차트를 살펴보자. 위 차트에서도 고점에서 '**산**'을 만들고(두 개의 주황색 대각선) 있는 모습을 볼 수 있다. 그런데 '산'을 만들기 전에 움직임을 체크해볼 필요가 있다.

오후 8시경부터 상승추세로 돌입한 지수는 상승3파(5파동)를 만들면서 고점 1,517포인트를 만들었는데, 중간에 주황색 박스들을 보면 이동평균선을 크게 훼손하는 강한 눌림목이 두 번 나왔다. 이것은 상승은 하지만 고점을 갱신할 때마다 강한 매도세력이 호시탐탐 하락으로 추세를 전환시키려는 움직임으로, 이런 강한 눌림이 많을수록 하락에 대비하면서 어디서 고점을 찍고 '산'을 만드는지 유심히 관찰하고 있어야 한다. 아니나 다를까 마지막 5파에서 직전 고점(파란색 평행선)을 갱신한 이후 고점 1,517포인트를 찍고 긴 위꼬리 캔들과 함께 저항이 지지로 바뀐 파란색 평행선과 60 이동평균선(녹색 곡선)이 동시에 연속음봉으로 하락이탈됐다. **이 자리가 바로 매도포지션을 진입할 수 있는 맥점이라고 할 수 있다.** 그럼 이후의 흐름을 살펴보자.

이후의 흐름을 보면, **직전 고점**(파란색 평행선)**과 60 이동평균선**(녹색 곡선)이 동시에 하락이탈된 파란색 화살표 지점에서 상승추세가 하락추세로 완전히 반전됐음을 알 수 있다. 이 지점에서 매도포지션을 진입했다면 60 이동평균선이 연속양봉으로 재돌파되기 전까지 매도포지션을 지속홀딩하면서 수익을 극대화할 수 있다.

이렇게 해외선물에서는 고점 부근에서 '산'을 만들고 추세를 급반전시키니 이를 잘 이용해서 수익을 극대화해야 하며, 설령 매도 포지션을 진입 못 할지라도 어설프게 추가 상승을 기대하고 고점 대비 많이 하락했다고 해서 매수포지션을 진입하는 우를 범하지 말아야 한다. 해외선물에서는 수익기회가 무궁무진하지만, 진입자리도 아닌 지점에서 반대로 진입해서 손실을 내면 지속적인 수익을 쌓아가기는 어렵다. 즉, 맥점을 볼 줄 모르면 수익 냈다, 손실 냈다를 반복하다가 손절 안 잡고 한 번 제대로 잘못 걸리면 바로 로스컷되기 때문이다.

4. [홍콩항생선물]에서의 '산'

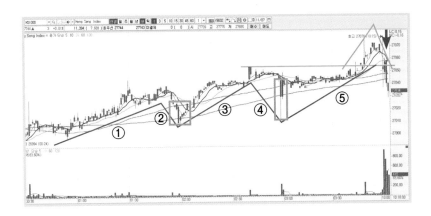

마지막으로 [홍콩항생선물] 1분봉 차트를 보자. 홍콩항생선물 시장은 우리나라 시간으로 오전 10시 15분에 개장을 하는데, 분봉 차트는 전일 야간 시간 외 흐름이 당일과 연결되기 때문에 연결선 상에서 봐야 한다.

전일 오전(밤) 1시부터 시작된 상승 흐름이 상승 5파동을 만들면서 드디어 '산'(두 개의 주황색 대각선)을 만들었다. '산'이 만들어졌는지는 **직전 고점**(파란색 평행선)을 돌파한 지수가 역V자 패턴을 만들면서 다시 파란색 평행선을 바로 하락이탈하는가로 알 수 있다. 또한 '산'을 만들기 전에 상승파동 중간에 정배열된 이동평균선을 여러 번 훼손(두 개의 주황색 박스)하는지도 중요한 단서가 된다. 즉, 지수가 직전 고점들을 넘은 이후 단기 반락으로 자꾸 정배열 추세를 훼손한다는 것은 매도세력이 계속해서 추세를 전환시키려는 시도를 한다는 것으로 해석해야 한다. 이런 두 가지 중요한 단서를 통해 '산'이 만들어지면 파란색 화살표 지점이 매도포지션 진입 맥점이 될 수 있다. 이후 흐름을 살펴보도록 하자.

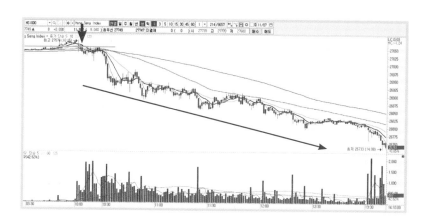

이후 흐름을 보면, 파란색 화살표 지점에서 매도포지션 진입 이후 추가 음봉이 나왔고 살짝 반등도 있었으나 파란색 평행선 돌파 실패 후 지속적인 원웨이 하락 흐름이 진행된 것을 알 수 있다.

여기서 녹색 곡선인 60이동평균선을 연속양봉으로 상향돌파하지 않으면 매도포지션을 계속해서 홀딩하는 전략을 취했다면 매도 1계약 당 거의 300틱에 가까운 수익을 올릴 수 있게 된다. 항생선물지수의 1틱 당 가치가 원화로 7,700원 정도 하기 때문에 300틱이면 1계약 당 대략 230만 원의 수익을 반나절 만에 올릴 수 있고 다계약 진입이라면 수백만 원에서 1,000만 원 이상 수익도 가능하다. 이렇게 진입 맥점을 정확히 아는 것이 해외선물에서 성공과 실패를 가르는 결정적인 요인이 된다.

장군 VS 멍군 및 실전형이평선

해외선물은 양방향 거래가 가능하기 때문에 투자자들은 항상 상승이든 하락이든 양쪽으로 기회가 열려 있는 반면, 어느 쪽으로 진입해야 수익을 올릴 수 있을지 많은 고민을 하게 된다. 방향을 맞추면 수익을 바로 올릴 수 있지만, 못 맞추면 무서운(?) 로스컷(손절)이 기다리고 있기 때문이다. 로스컷을 안 잡고 평가손실을 끝까지 버티다가 수익으로 전환해서 청산하는 경우도 있지만, 그런 소위 '운'을 기대하며 거래하는 것은 몇 번은 가능할지 모르지만, 연속성을 담보할 수 없기 때문에 결국에는 실패하게 된다.

그럼 우리는 상승과 하락 중 방향을 정할 때 어떤 기준을 적용해야 할까? 이번 장에서는 '**장군 VS 멍군**'에 대해 알아보도록 하자.

1. 장군과 멍군, 실전형이평선이 뭘까?

　장군과 멍군이라고 하면 우리는 '장기' 게임을 떠올리게 된다. 상대편 대장을 먹기 위해 '장군'을 외치면 상대편은 대장이 피하든지, 다른 '말'을 이용해 막으면서 '멍군'을 외친다. 그러면 해외선물에서 장군과 멍군은 어떤 경우에 나오는 걸까? 다음 차트를 보면서 살펴보자.

　[나스닥선물] 1분봉 차트를 보면, 단기에 하락 5파동 이상이 진행된 후에 나타난 장대음봉을 완전히 장악하는 장대양봉이 바로 출현(녹색 박스)한 것을 볼 수 있다. 이렇게 하락 5파동이나 상승 5파동 흐름이 나온 이후, 상승장악형 혹은 하락장악형 캔들 조합이 '**장군 VS 멍군**'이라고 할 수 있다. '**장군 VS 멍군**' 캔들 조합에서

는 캔들의 길이가 길수록 즉, **장대봉**일수록 신뢰도가 높아진다. 이후 흐름을 살펴보자.

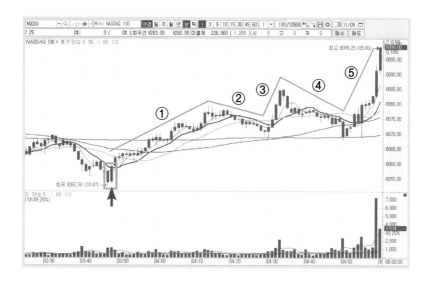

이후의 흐름을 보면, 앞선 차트에서 진행된 하락 5파동의 흐름이 **'장군 VS 명군'** 캔들 조합이 나온 녹색 박스 지점 이후에 상승방향으로 완벽하게 추세를 돌린 것을 알 수 있다. 즉, 하락 5파동 이후 상승장악형 캔들 조합이 출현하면 이렇게 하락추세가 상승추세로 완전히 전환될 가능성이 크다.

빨간색 화살표 지점에서 매수포지션을 진입했다면 수익을 어느 정도 볼 수 있지만, **[실전형이평선]**의 개념을 안다면 수익을 좀 더 극대화할 수 있다.

[**실전형이평선**]이란, 역배열된 이동평균선들이 계속해서 골든 크로스(단기이평선이 장기이평선을 돌파)를 만들면 처음에는 **20이 동평균선(노란색 곡선)**이 **트레일링스탑**(상승 이후 일정폭 이하로 내려가면 익절 청산)으로 청산 기준이 되나, 20이동평균선과 60이동평균선(녹색 곡선)이 골든크로스로 난 이후에는 **60이동평균선**이 익절 청산의 기준이 되는 것을 말한다.

앞의 차트에서는 60이동평균선과 120이동평균선까지 골든크로스가 발생했기 때문에 **120이동평균선(회색 곡선)**이 익절 청산의 기준이 되어 마지막 상승 5파까지 수익을 극대화할 수 있다.

2. 장군 VS 멍군 응용 패턴(금^{Gold} 선물)

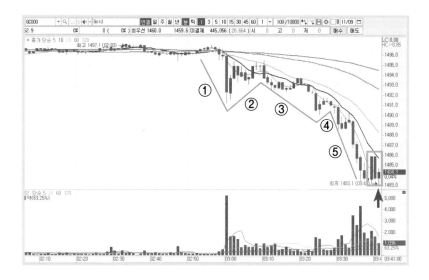

다음으로 '**장군 VS 멍군**' **응용 패턴**에 대해 알아보자. [금(Gold) 선물] 1분봉 차트를 보면, 마찬가지로 하락 5파동 흐름이 나온 이후 장악형 캔들 조합인 '**장군 VS 멍군**'이 출현했다. 그런데 이번에는 앞선 경우와 달리 장대음봉캔들부터 출현한 것이 아니라 장대양봉캔들부터 출현한 것을 볼 수 있다.

이렇게 장대양봉캔들이 먼저 출현한 경우에는 그다음의 장대음봉캔들이 속임수일 가능성이 크다. 그 근거는 음봉 이후에 나오는 아래꼬리 달린 단봉의 양봉캔들이 바로 나오는지로 판별할 수 있다. 즉, 하락 5파 이상의 하락이 나온 저점 위치에서는 매도세력의 힘이 약화되는데, 이때 약화된 매도세를 매수세가 장악한 결과가 장대양봉

캔들이며, 이를 매도세가 다시 장악(장대음봉캔들)하지만, 저점을 깨지 못하면 매수세가 다시금 강화되는데 그 결과로 나오는 것이 아래 꼬리 달린 단봉의 양봉캔들이다. 이후의 흐름을 살펴보자.

차트를 보면, 녹색 박스에서 '장군 VS 명군' 응용 패턴이 나온 이후 하락추세였던 흐름이 바로 급상승추세로 변경된 것을 알 수 있다. 빨간색 화살표 지점에서 매수포지션을 진입하면 **실전형이평선**(여기서는 20이동평균선만으로 수익 극대화가 달성)을 바탕으로 단 50분 만에 150틱의 수익을 올릴 수 있다. 150틱이면 1계약 당 원화로 대략 170만 원에 해당되며, 다계약 진입 시 수백만 원의 수익을 단시간 내에 얻을 수 있다.

심리적으로 강한 하락추세나 상승추세가 진행되면 보통의 투자자들은, 지수는 관성의 법칙만이 적용된다고 생각해서 강한 추세 방향으로만 계속 진입하려는 속성이 있다. 그러나 세력은 이를 모를 리가 없기 때문에 어느 순간 급하게 추세 전환을 시켜서 기존 추세방향으로 진입한 투자자들의 손절을 유도해 수익을 취한다. 따라서 세력들이 '어느 순간' 급하게 추세를 전환시키는 그 지점을 빠르게 알아내야 손절을 막고 수익을 취할 수 있다.

매매에 임할 때 가장 중요한 것은 주 지표인 가격과 가격의 덩어리인 캔들, 그리고 캔들의 조합이다. 그리고 그 캔들의 조합이 나타난 위치가 중요하며, 이 위치를 파동과 추세, 지지와 저항, 이동평균선을 종합해서 파악할 수 있어야 한다. 이를 통해 최적의 진입자리 맥점을 알고 과감하게 진입할 수 있어야 수익을 극대화시킬 수 있다.

3. 장군 VS 멍군 응용 패턴(나스닥선물)

또 다른 '**장군 VS 멍군**' 응용 패턴을 알아보자. [나스닥선물] 1분
봉 차트를 보면, 급하게 하락파동이 나왔다. 이동평균선이 완전 역
배열 상태라 하락 흐름이 계속해서 이어질 것 같은 모습을 보인다.
그런데 하락 5파동의 흐름이 나온 뒤에 장대양봉캔들과 장대음봉
캔들이 나란히 출현했고, 장대음봉캔들 이후에 아래꼬리 달린 단
봉의 양봉캔들이 출현(녹색 박스)했다. 이후의 흐름이 과연 어떨지
살펴보도록 하자.

　이후의 흐름을 보면, 빨간색 화살표 지점인 아래꼬리 달린 단봉의 양봉캔들 출현 지점이 기존 하락추세를 급반전시키는 변곡점임을 알 수 있다. 그 지점으로부터 단 15분 만에 80틱이 넘는 급반등이 이루어졌고, 만약 기존 하락추세가 연장될 것으로 예상해 저점에서 신규 매도포지션을 진입한 투자자들은 손절을 안 할 수 없는 상황이 전개됐다. 물론 **'장군 VS 멍군'** 응용 패턴을 알고 이런 상황 전개를 미리 준비한 매수포지션 투자자들은 남들 손절할 때 짭짤한 수익을 올릴 수 있다.

　해외선물에서는 대박 수익도 가능하지만, 확률 높은 맥점 진입 자리를 누가 얼마나 많이 알고 있느냐로 누구는 수익을 지속해서 쌓아갈 수 있고, 누구는 계속해서 계좌예수금이 줄어드는지가 결정된다고 할 수 있다.

4. 장군 VS 멍군 변형 패턴

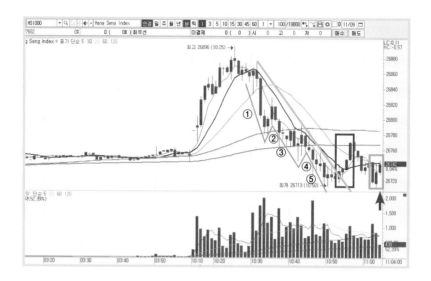

　이번에는 '**장군 VS 멍군**'의 **변형 패턴**을 살펴보자. 사실 기본개념을 정확히 알고 있으면 응용 패턴은 쉽게 이해할 수 있으니 천천히 따라오면 된다. 위 [홍콩항생선물] 1분봉 차트를 보면, 개장 시작이후 상승하던 지수가 오전 10시 30분 중국 본장 시작과 함께 하락 5파동을 만들면서 급락한 것을 볼 수 있다.

　그런데 10시 50분 하락하던 지수가 26,713포인트 저점을 찍고 **적4병 캔들 조합**(빨간색 박스)을 만들면서 50틱 이상 단기급등을 보여줬다. 이후 다시 저점 부근까지 내려온 지수는 녹색 박스에서 장대음봉캔들이 나온 이후 바로 **반격형양봉캔들**(장대음봉의 절반까지 양봉이 올라오는 캔들)이 출현했고, 연속해서 양봉봉캔들이 나오면서 결국 장대음봉캔들을 두 개의 연속양봉이 장악하는 모습이 나타났다.

　이것은 **'장군 VS 멍군'의 변형 패턴**이라고 할 수 있지만, 원리는 같다. 즉, 하락 5파동 이후에 나온 저점 부근에서의 장대음봉을 한 개의 장대양봉이 아닌 연속 두 개의 양봉캔들이 장악한다는 부분만 다를 뿐, 장대음봉을 장악하는 것은 똑같기 때문이다. 여기에 빨간색 박스에서의 1차 급반등이 **하락추세선 상단**(파란색 대각선)을 돌파한 것도 '장군 VS 멍군' 이후의 추세 급반전에 추가적인 단서를 제공해준다. 하락파동에서 각도를 세우는 반등**(2번과 4번, 그리고 빨간색 박스에서의 반등)**이 여러 번 나오면 추세선 돌파 후 급반등할 확률이 매우 높아지기 때문이다. 이후의 흐름을 살펴보자.

이후의 흐름을 보면, '장군 VS 멍군' 변형 패턴(녹색 박스) 이후에 하락추세가 바로 급반등추세로 전환되는 것을 알 수 있다. 사실 이런 **하락 5파동 이후에 '장군 VS 멍군' 패턴**을 알지 못하면 이런 빠른 급반등추세가 나오기 전에 매수포지션을 진입하기란 쉽지 않고, 일단 상승추세가 시작되면 순간 너무 많이 올라 매수포지션을 진입하기가 부담스럽게 된다. 즉, 미리 준비하고 매수포지션을 진입해 있지 않으면 거의 100틱 가까운 상승을 놓치게 되며, 오히려 매도포지션을 잡고 있다가 손절하게 된다.

해외선물에서 수익과 손실은 종이 한 장 차이지만, 그 종이는 쉽게 뚫리지 않는 종이라고 언급한 것이 이런 것을 두고 하는 말이다. 누구는 미리 매수를 준비하고 수익 내고 청산했는데, 누구는 매도포지션을 고집하다가 손절라인을 놓쳐서 고점에서 큰 손실로 청산하게 되면 그 차이는 매우 크게 되며 시간이 가면 갈수록 격차는 하늘과 땅의 차이만큼 벌어지게 된다.

섣불리 고점과 저점을
단정 짓지 마라!

주식 투자자들이 항상 고민하는 부분 중 하나가 바닥인 줄 알고 매수했는데 지하 10층까지 내려가고, 많이 올랐다고 수익실현 했는데 그 이후로 몇십 %가 올라가는 경우다. 시장은 항상 대중의 생각과 정반대로 가는 경향이 많은데 그 이유가 시장에서는 소위 0.5 대 9.5의 법칙이 적용되기 때문이다. 즉, 0.5의 소수가 거의 대부분의 수익을 가져가고 9.5의 대중은 손실 내지는 겨우 본전치기를 하는데 대부분은 손실을 본다. 이는 자원을 효율성 때문이다. 자원은 대중이 모두 수익을 낼 정도로 풍부하지 않다. 엄연한 현실이고 이를 빨리 받아들이는 사람만이 그나마 수익을 낼 수 있다.

그럼 해외선물 시장은 어떨까? 해외선물 시장에서는 0.05대 9.95의 법칙이 적용된다. 즉, 0.05의 극소수만이 큰 수익을 내고 나머지 9.95 중 거의 대부분은 큰 손실을 보고 투자가 강제 중단 (계좌 로스컷)되며, 이 중 극소수만이 약간의 손실로 투자를 중단한다.

주식 시장과 해외선물 시장에서 비율 차이가 나는 것은 주식은 손실 중이라도 버틸 수가 있지만, 해외선물은 증거금제도로 운용되기 때문에 설령 나중에 수익이 날지라도 현재 보유하고 있는 포지션의 손실률이 증거금 대비 40% 이하가 되면 증권사에 강제 청산하기 때문이다. 주식은 모로 가도 서울만 가면 되지만, 해외선물에서는 모로 가면 그냥 죽는다.

그러면 왜 대중들은 거의 항상 손실을 볼까? 그 이유는, 시장을 예측하려 들기 때문이다. 특히 바닥 저점과 천장 고점을 예측해서 최저점에서 매수해서 최고점에 매도하려는 비현실적인 욕심을 계속 부리기 때문이다.

해외선물에서도 대부분의 투자자들은 주식처럼 고점과 저점을 자꾸 예측하려 하는데, 투자의 세계에서 예측과 대응의 비율은 3대 7이다. 아무리 정교한 예측이라도 예기치 않은 변수가 중간에 많이 생겨 빗나갈 확률이 그만큼 높기 때문에 대응이 중요하다.

1. 하늘 위에 우주 있다

　[크루드오일(Crude Oil)선물] 1분봉 차트를 보면, 오후 8시 36분 저점 54.21포인트(녹색 박스)를 형성한 이후 점진적으로 우상향 흐름을 보이다가 오후 10시 32분 본격적으로 각을 세우면서 급등세를 연출했다. 단 14분 만에 150틱 이상의 급등이 나온 상황(주황색 박스)이다. 보통 이렇게 단시간에 급등이 나오면 대부분의 투자자들은 매도포지션을 생각하게 된다. 즉, 짧은 시간에 너무 많이 올랐으니 조금이라도 내려가지 않을까 하는 강한 확신을 가지고 매도포지션을 취한다.

　그러나 짧은 시간에 급등이 나왔다는 것은 뭔가 오일 시장에 우리가 모르는 호재 이슈가 있을 가능성이 있고, 없다고 해도 세력이 급하게 끌어 올릴 때는 그 자체로 시세를 인정해야 한다. 많이 올라서 내려갈 것 같은 생각을 하는 것은, 말 그대로 대중의 생각과 같이하는 것이고, 시장은 항상 인간적인 감정(많이 오르면 내릴 것이라는 예측)의 반대로 움직인다. 절대 대중이 가는 길에는 수익은 없다. 매도포지션을 진입하더라고 반락의 신호가 확인되기 전까지는 절대 매도포지션에 진입해서는 안 되는 것이다. 그럼 이후의 흐름이 어떻게 전개되는지 살펴보자.

이후 흐름을 보면, 주황색 박스에서의 고점이 55.95포인트였는데, 앞선 차트에서는 그 지점이 단기에 과도한 상승으로 인해 단기 고점인 것처럼 생각됐지만, 이후 흐름을 보면 그 고점에서부터 다시 또 150틱 정도 상승해 57.42포인트(빨간색 박스)까지 지속 상승했다. 이런 흐름을 보면서 어떤 생각이 드는가? 결과를 놓고 본다

면 누구나 주황색 박스 지점이 고점이라고 생각하지 않겠지만, 뒤 흐름이 나오기 전에는 단기 최고점이라고 생각하고 매도포지션에 진입한 투자자들이 매우 많을 것이라고 짐작할 수 있다.

이렇게 시장에서는 인간적인 예측을 뛰어넘는 흐름을 자주 나오기 때문에 섣불리 예측만으로 포지션을 진입해서는 안 된다. 계속 얘기하지만, 예측과 대응의 비율은 3 대 7이다. 즉, 대응이 70% 이상을 차지한다는 것이다. 물론 여러 가지 신호를 바탕으로 방향을 예측해야 하지만, 이때도 움직임을 지속 관찰하면서 대응해야 한다. 하물며 단순히 너무 많이 올랐다는 이유로 매매를 하면 결과는 불 보듯 뻔하다.

2. 바닥 밑에 지하 1층만 있을까?

　이번에는 과도한 급락이 나온 흐름을 살펴보자. [홍콩항셍선물] 1분봉 차트를 보면, 오후 2시 14분 단기 고점 26,033포인트를 찍고 약 50분도 안 지나서 200틱이 폭락하며 25,834포인트까지 하락했다. 그런데 보통 하락파동의 마지막에는 개인 투자자들이 투매(매수포지션 손절)하면서 장대음봉이 출현함과 동시에 **거래량이 급증**(녹색 박스)하고, 이후에는 급반등 흐름이 나온다고 보통 주식 교과서에서 많이 언급하는데, 과연 그렇게 될지 이후 흐름을 통해 알아보자.

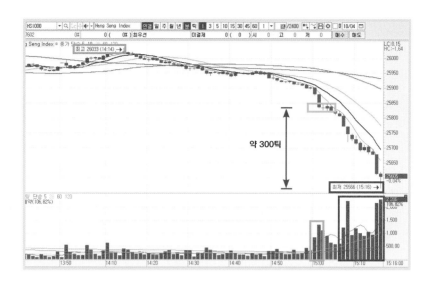

이후 흐름을 보면, 파란색 박스 지점이 앞선 차트에서 **거래량이 급증**(녹색 박스)하면서 장대음봉이 출현한 지점인데, 이후 어떻게 되었는가? 이번에는 아까 **단기 고점**(주황색 박스)에서 200틱이 하락하는 데 소요된 50분보다 더 짧은 단 15분 만에 **더 많은 거래량**(빨간색 박스)과 함께 대략 300틱에 가까운 추가 폭락이 나왔다. 300틱이면 1계약 당 원화로 230만 원 정도 되는데, 만약 물타기를 감행해서 매수포지션이 다계약이 됐다면, 한순간에 수천만 원 손실이 발생할 수도 있는 상황이 된다.

'**바닥 밑에 지하실이 있다**'는 주식 격언이 있다. 마찬가지로 해외선물에서도 바닥 밑에 지하실이 있는데, 그 파괴력은 지하 10층 정도 된다고 할 수 있다. 해외선물에서는 증거금제도로 인해

한순간에 실체도 없이 계좌예수금이 녹을 수 있기 때문이다. 따라서 단기하락폭이 과하다고 생각될지라도 언제나 매수의 힘이 다시 살아나는 신호가 나올 때까지는 절대 떨어지는 칼날을 잡아서는 안 된다.

속임수 장대양봉

주식이든 해외선물이든 보통 투자자들은 장대양봉에 흥분한다. 장대양봉만 출현하면 뭔가 엄청난 상승의 힘에 의해 계속해서 주가나 지수가 급등할 것처럼 상상한다.

그러나 현실은 어떨까? 정확한 통계를 내보진 않았으나 수십 년간의 실전 투자 경험으로 볼 때, 장대양봉 이후에 상승추세가 약화되거나 오히려 하락하는 흐름이 나오는 경우가 훨씬 많다. 물론 장대양봉이 출현하기 전에 주가나 지수가 어떤 움직임을 보였는지가 장대양봉 이후의 방향을 결정하지만, 대부분의 경우, 세력들은 장대양봉에 흥분해서 진입한 개인 투자자들을 손절시킨다.

특히 해외선물 시장에서는 주식 시장에서보다 이러한 '속임수

장대양봉'이 훨씬 많이 나타난다. 해외선물은 주식보다 이슈나 재료(많은 지표발표)에 반등하는 민감도가 훨씬 크고 추세가 급하게 전환되기 때문이다.

그럼 해외선물 종목별로 '**속임수 장대양봉**'에 대해 살펴보자.

1. [나스닥선물]에서의 '속임수 장대양봉'

[나스닥선물] 1분봉 차트에서 나온 **'속임수 장대양봉'**을 살펴보자. 위 차트를 보면, 보라색 박스에서 매우 큰 장대양봉이 출현했다. 이 장대양봉이 출현할 때 직전 최대거래량의 **두 배 이상의 더 많은 거래량**(녹색 박스)이 동반되면서 **직전 고점**(파란색 평행선)도 종가상 돌파됐기에 대부분의 투자자들은 무언가 강력한 호재가 있을 것이라 짐작하고 보통 매수포지션을 취하게 된다.

그런데 이상한 점이 눈에 들어온다. 주황색 박스를 보면, **점진적인 우상향추세**(빨간색 상승추세선 하단)가 깨지면서(이탈) **120이동평균선**(회색곡선)까지 이탈되는 나름 큰 반락이 나온 것이다. 진짜 장대양봉은 정배열 추세가 크게 무너지지 않은 상태에서 나왔을 때

신뢰도가 높기 때문에 위 차트에 나타난 장대양봉은 의심해볼 필요가 있다. 그럼 이후 흐름이 어떻게 전개됐는지 살펴보도록 하자.

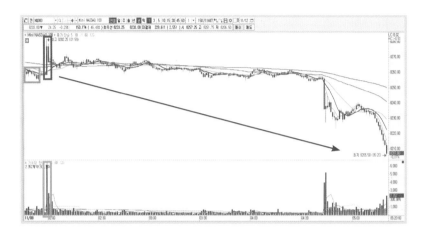

위 차트를 통해 이후의 흐름을 보면, '**속임수 장대양봉**'으로 의심되는 장대양봉 캔들 출현 후 바로 절반 이상을 훼손하는 **음봉캔들**(보라색 박스)이 나왔고, 이후 단 한 번의 반등도 없이 지속적으로 우하향의 흐름을 보이다가 대략 새벽 4시 40분부터 하락각도가 심해지면서 폭락이 나왔다. 전형적인 '**속임수 장대양봉**' 패턴 흐름이라고 할 수 있다. '속임수 장대양봉'의 종가 지점에서 매도포지션 진입 시 대략 70포인트(280틱) 하락이며, 이 하락폭은 1계약 당 원화로 대략 155만 원의 수익에 해당된다.

2. [크루드오일 Crude Oil 선물]에서의 '속임수 장대양봉'

이번에는 [크루드오일(Crude Oil)선물]에서 나온 '**속임수 장대 양봉**'을 알아보자. 위 크루드오일(Crude Oil)선물 1분봉 차트를 보면, 앞에서 살펴본 나스닥선물에서와 같이 보라색 박스에서 '**속임수 장대양봉**'으로 의심되는 장대양봉 캔들이 출현했다. 역시 직전 고점인 파란색 평행선을 **최대거래량**(녹색 박스)을 동반하면서 돌파했기에 강한 상승추세로 돌입하는 진짜 돌파라고 생각할 수 있다.

그러나 이 돌파 장대양봉 캔들이 출현하기 전에 **기존 상승추세선 하단**(빨간색 대각선)을 강하게 이탈하며 나름 큰 반락(주황색 박스)이 나온 것에 주목해야 한다. 즉, **저항선**(직전 고점, 파란색 평행선)을 대량의 거래량으로 돌파한 장대양봉 캔들이 나왔을지라도 그 전에 추세를 이탈하는 강한 반락이 나왔을 때는 항상 의심해 볼 필요가 있다. 그럼 이후의 흐름이 어떻게 전개되는지 살펴보자.

이후의 흐름을 보면, '**속임수 장대양봉**' 캔들이 출현한 이후 10틱 정도의 소폭 추가 상승이 있었으나, 그 이후 저항이 지지로 바뀐 라인인 **직전 고점**(파란색 평행선)이 이탈되면서 추세하락이 진행되 었다. 하락파동이 지저분하긴 하지만, 결국 '**속임수 장대양봉**' 종가 지점부터 100틱이 넘는 하락이 나왔다.

해외선물에서는 잔파동으로 소위 틱띠기를 할 수도 있지만, 결 국 큰 수익을 얻기 위해서는 추세를 볼 줄 알아야 한다. 그리고 추 세를 먹기 위해서는 추세가 어떻게 시작되는지 알고 있어야 한다. 즉, 방향을 알아야 해외선물에서 승리할 수 있다.

3. [금^{Gold}선물]에서의 '속임수 장대양봉'

이번에는 [금(Gold)선물]에서의 **'속임수 장대양봉'**에 대해 살펴
보자. 위 금(Gold)선물 1분봉 차트를 보면, 앞에서 살펴본 **나스닥
선물**이나 **크루드오일(Crude Oil)선물**과 비슷한 흐름임을 알 수 있
다. '속임수 장대양봉'으로 의심되는 **장대양봉 캔들**(보라색 박스)이
오후 10시 27분에 출현했다. **직전 고점**(파란색 평행선)을 **최대거래
량**(녹색 박스)을 동반하며 돌파해 이후 강한 상승추세로 돌입할 것
같은 상황이다.

그런데 직전의 흐름을 보면, 점진적인 상승추세를 보이던 지수
가 오후 10시 30분에 **상승추세선 하단**(빨간색 대각선)을 이탈하며
나름 큰 반락을 보였다. 이후 V자 반등을 했지만, 직전 고점을 돌

파하지 못하고 재차 **상승추세선 하단**(빨간색 대각선)을 이탈하며 반락(주황색 박스)이 나왔다.

　기존 상승추세를 크게 훼손하는 부분이 두 번이나 나왔다는 점은 최대거래량을 동반하며 직전 고점을 돌파하는 장대양봉 캔들이 '속임수 장대양봉'이라고 의심하기에 충분하다. 그럼 이후 흐름을 통해 확인해보자.

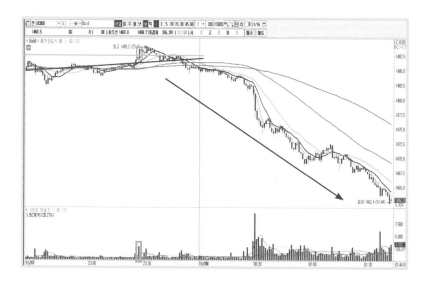

　이후의 흐름을 보면, '속임수 장대양봉'(보라색박스) 이후 추가로 소폭(6틱) 상승했으나 이후 **직전 고점**(파란색 평행선)과 **직전 상승추세선 하단**(빨간색 대각선)을 차례로 하락이탈한 후, 대폭락의 흐름이 나왔다. 앞에서 살펴본 크루드오일(Crude Oil)처럼 지저분한 하락파동이 아닌 깔끔한 하방 원웨이가 출현했는데, 이런 **깔끔한 원웨이 흐름이 금(Gold)선물의 특징**이라고 할 수 있다.

4. [홍콩항셍선물]에서의 '속임수 장대양봉'

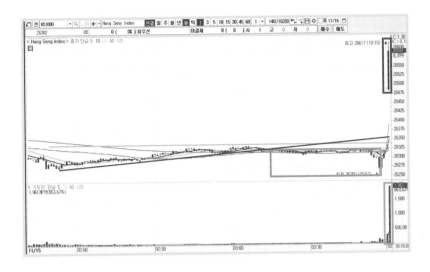

　마지막으로 [홍콩항셍선물]에서 **'속임수 장대양봉'**을 살펴보자. 위 홍콩항셍선물 1분봉 차트를 보면, 기존 다른 해외선물 상품들에서 나타난 **'속임수 장대양봉'**과 비슷한 패턴을 보이고 있다. 다만 항셍선물은 우리나라 코스피200선물과 같이 전일 야간장 이후 다음 날 아침 장 시작까지 몇 시간의 간격이 있다. 다른 CME 시장의 상품들은 불과 1시간의 간격이지만, 홍콩항셍선물은 전일 야간장이 새벽 4시에 마감하고 다음 날 장 시작은 오전 10시 15분이기 때문에 6시간 이상의 간격이 있다. 이 때문에 큰 갭이 자주 발생한다.

　앞의 차트에서도 큰 갭 상승이 발생했다. 그런데 분봉은 전날과 다음 날이 서로 연결되기 때문에 전일 후반 흐름과 같이 볼 필요가 있다. 전일 야간장 마지막에 점진적인 상승추세가 나오다가 **이 상승추세 하단이 이탈**(빨간색 대각선)되고, 이후 **상승추세를 훼손하는 큰 반락**(주황색 박스)이 나왔다. 그리고 다음 날 시초가부터 **직전 고점**(파란색 평행선)을 강하게 돌파하는 갭 상승 장대양봉 캔들이 출현했으나 전일 마지막 흐름이 '**속임수 장대양봉**' 사전 조건에 해당되기 때문에 의심할 필요가 있다. 이후 흐름을 살펴보자.

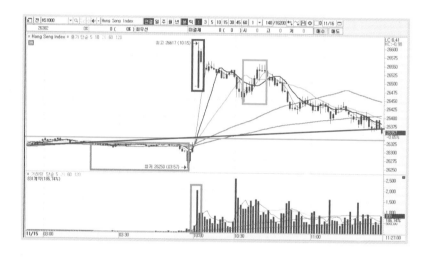

　이후 흐름을 보면, 보라색 박스의 장대양봉 캔들이 '**속임수 장대양봉**'임이 확실한 것을 알 수 있다. 장 시작하자마자 **최대거래량**(녹색 박스)을 동반한 장대양봉 캔들 이후 바로 음봉캔들이 나오면서 하락추세로 돌입했다. 항셍선물은 특성상 **상승존**(60, 120이동평균선 위)에서부터의 하락 흐름에서는 중간에 제법 큰 반등이 나오긴 하지만(파란색 박스), 최초 하락으로 방향을 잡은 흐름은 계속 지속되려고 하는 추세가 강한 상품이라고 할 수 있다.

'**속임수 장대양봉**'(보라색 박스) 종가 부근인 26,590포인트에서 매도포지션에 진입했다면 1시간 10여분 만에 대략 240틱이 하락했고, 이를 원화로 환산하면 1계약 당 약 180만 원 이상에 해당하는 수익을 얻을 수 있다.

4^장

해외선물 정복하기 ②
기법

반전형 패턴의
변신 ①

   기술적 분석에서 가장 중요한 것 중 하나가 패턴 분석이다. 패턴 분석이란 주 지표인 가격이 만든 궤적 중, 진입 맥점으로 삼을 만한 특정 모양을 분석하는 것이다.

   패턴에는 크게 반전형 패턴과 추세지속형 패턴이 있다. 반전형 패턴은 기존 추세를 되돌리는 패턴인데, 하락추세 후에 상승추세로 돌리는 반전형 패턴에는 V자 패턴, 쌍바닥 패턴(W 패턴), 역헤드앤숄더 패턴, 원형바닥 패턴 등이 있고 상승추세 후에 하락추세로 돌리는 반전형 패턴에는 역V자 패턴, 쌍봉 패턴(M자 패턴), 헤드앤숄더 패턴, 원형천정형 패턴 등이 있다.

   그런데 기존 기술적 분석 교과서에는 안 나오는 내용이 있다. 그

것은 반전형 패턴이 기존 추세 중간에 나오면 강력한 추세지속형 패턴이 된다는 것이다. 즉, 상승추세 중에 V자 패턴, 쌍바닥 패턴(W 패턴), 역헤드앤숄더 패턴, 원형바닥 패턴 등이 나오면 기존 상승추세를 강화하는 흐름이 나올 확률이 매우 높다. 반대로 하락추세 중간에 역V자 패턴, 쌍봉 패턴(M자 패턴), 헤드앤숄더 패턴, 원형천정형 패턴이 나오면 기존 하락추세를 더욱 강화하는 흐름이 나오는 경향이 크다.

그럼 해외선물 상품 별로 반전형 패턴이 강력한 추세지속형 패턴으로 변하는 것을 알아보고, 이때 절정의 진입 맥점은 어디일지 살펴보도록 하자.

1. 반전형 패턴의 변신(나스닥선물)

[나스닥선물]에서 '반전형 패턴의 변신'을 알아보자. 나스닥선물 1분봉 차트를 보면, 새벽 4시 전후부터 시작된 상승추세가 다음 날 시간외 시장 시작(아침 8시) 이후에도 지속된 것을 볼 수 있다. 그리고 오전 9시부터 시작된 흐름이 [원형바닥형 패턴](주황색 박스)을 만들고 있는 것을 확인할 수 있다. 그런데 **여기서 주목해야 할 점은 원형바닥형 패턴이 만들어진 위치다. 즉, 바닥권에서 만들어진 것이 아니라, 상승추세가 상당히 진행된 후에 만들어졌다는 것이다.**

보통 이렇게 상승추세가 어느 정도 진행된 이후에는 상승에 대한 피로감 때문에 반락하는 모습이 자주 나오는데, 위 차트에서는 반락하려는 흐름을 원형바닥형 패턴을 만들면서 다시 상승방향으로 돌리고 있다. 이렇게 **기존 추세 중간에 나오는 반전형 패턴**(여기서는 **원형바닥형 패턴**)이 **강력한 추세지속형 패턴**이 될 수 있다. 그럼 이후의 흐름을 살펴보도록 하자.

이후의 흐름을 보면, **상승추세 중간에 출현한 원형바닥형 패턴**(주황색 박스) 이후 지수가 가파르게 상승각도를 세우면서 40분도 안 되서 30포인트(120틱) 이상 단기 급등한 것을 알 수 있다.

이렇게 반전형 패턴이 추세 중간에 나오면 단기에 매우 강력한 추세지속형 패턴이 될 가능성이 매우 높기 때문에 빨간색 화살표 지점은 강력한 매수진입 맥점이 된다. 매수포지션 진입 후에는 **10 이동평균선**(파란 곡선) 혹은 **20이동평균선**(노란색 곡선)을 손절 및 익절(트레일링스탑) 기준으로 잡으면 된다.

　이번에는 '**반전형 패턴의 변신**' 중 **[원형천정형 패턴]**이 출현한 경우이다. 보통 **원형천정형 패턴**은 주가나 지수의 최고점에 나타나는 추세 반전형 패턴으로 알려져 있는데, 실전에서 1차 하락 이후에 출현하면 강력한 하락추세지속형 패턴으로 변신하는 경우가 많다.

　위 나스닥선물 1분봉 차트를 보면, 오후 11시 경부터 1차 하락이 시작된 이후 저점 부근인 7,900포인트에서 원형천전형 패턴을 만들고 있는 것(파란색 곡선)을 확인할 수 있다. 이때 바로 직전 종가상 저점을 이탈하는 하락화살표 지점이 **매도포지션 진입 맥점**이 된다. 이후 흐름을 살펴보자.

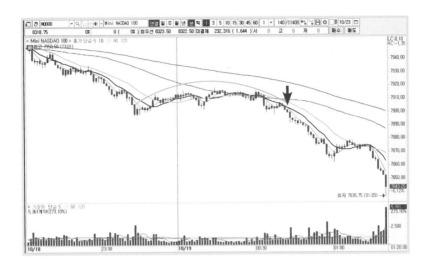

이후 흐름을 보면, **하락추세 중간에 나타난 원형천정형 패턴** 이후 가파른 추가 하락시세가 나온 것을 확인할 수 있다. 이때 맥점인 **파란색 화살표** 지점에서 매도포지션을 진입해 **20이동평균선** (노란색 곡선) 연속양봉 탈환을 1차 익절라인으로 잡고 홀딩한다면, 70포인트(280틱)에 가까운 수익을 단 50여 분 만에 올릴 수 있다. 70포인트이면 1계약 당 원화로 155만 원 정도에 해당하는 높은 수익이다.

최초 파란색 화살표 지점에서 진입할 때 예상대로 하락추세가 진행되면 익절라인만 신경쓰면 되지만, 진입할 당시에는 예상외로 반등이 나올 수도 있기 때문에 손절은 반드시 잡아야 하며, 손절라인은 마찬가지로 **20이동평균선(-7포인트)과 60이동평균선(-9포인트)을 기준으로 설정**하면 된다.

투자의 세계는 확률 게임이다. 100%는 없지만 확률이 매우 높은 맥점을 공략해서 큰 수익을 올리되 적은 확률로 반대로 움직이는 경우 짧은 손절을 통해 손실을 통제해야 한다. 그러면서 수익을 쌓아가는 것이 투자의 세계에서 성공하는 지름길이다.

이번에는 '반전형 패턴의 변신' 중 [V자 패턴]에 대해 알아보자. 위 나스닥선물 1분봉 차트를 보면, 오후 8시 50분경부터 시작된 상승 후 횡보 흐름이 오후 10시 30분부터 본격적인 상승추세를 보였다. 이후 오후 10시 45분~11시 2분에서 강한 V자 패턴(두 개의 주황색 대각선)을 만든 것을 볼 수 있다.

이렇게 바닥권이 아닌 상승추세가 어느 정도 진행된 이후에 출현하는 V자 패턴은 반전형 패턴이기보다는 강한 추세지속형 패턴일 확률이 매우 높다. 이때 V자 패턴이 완성되고 **직전 종가상 고점**(파란색 평행선)을 돌파하는 **빨간색 화살표** 지점이 **매수포지션 진입 맥점**이 될 수 있으며, 진입 시 손절라인은 **20이동평균선**(노란색 곡선)이 된다. 그럼 이후 흐름이 어떻게 진행됐는지 살펴보자.

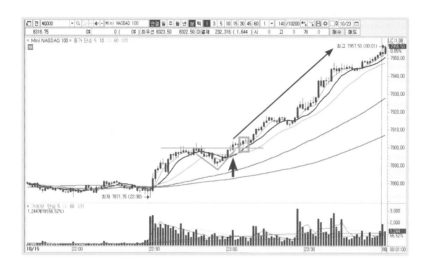

자, 어떠한가? 이번에도 추세 중간에 출현하는 반전형 패턴이 강력한 추세지속형 패턴으로 변신한 것을 확인할 수 있다. **V자 패턴**(두 개의 주황색 대각선)이 나온 이후, **직전 종가상 고점**(파란색 평행선)을 돌파하는 **빨간색 화살표** 지점에서 매수포지션을 진입하고 **20이동평균선**(노란색 곡선)을 익손절 라인으로 설정하면, 불과 1시간 만에 50포인트(200틱) 이상의 수익을 올릴 수 있게 된다.

특히 지수가 **V자 패턴**을 만들고 저항이었던 **직전 종가상 고점**(파란색 평행선)을 돌파한 이후 이 지점을 다시 이탈하지 않고 지지받는 모습(녹색 박스)이 확인되면 기존 상승추세를 지속적으로 탈 가능성이 매우 높기 때문에 **맥점**(빨간색 화살표)에서 진입한 매수포지션은 거의 확정적으로 수익이 난다고 봐도 무방하다.

다음으로 '반전형 패턴의 변신' 중 [역V자 패턴]에 대해 알아보자. 위 나스닥선물 1분봉 차트를 보면, 오후 10시 30분 속임수 양봉 캔들이 두세 번 나온 이후 점진적인 하락추세를 보이다가 오후 11시 3분~11시 10분에서 강력한 **역V자 패턴**(두 개의 주황색 대각선)을 만든 걸 확인할 수 있다.

역V자 패턴 역시 대표적인 반전형 패턴으로 고점 부근에서 출현할 때 강력한 하방 신호를 암시하지만, 지금 발생한 위치는 하락추세가 어느 정도 진행된 이후 추세 중간에 출현했다. 추세 중간에 발생한 반전형 패턴은 강력한 추세지속형 패턴으로 변신하는 경향이 크기 때문에 **역V자 패턴이 완성**되면서 **직전 종가상 저점**(파란색 평행선)을 하락이탈하는 파란색 화살표 지점이 **매도포지션 진입 맥점**이 된다. 진입 시 익손절 라인은 **20이동평균선**(노란색 곡선)과 **60이동평균선**(녹색 곡선)으로 잡으면 무난하다. 그럼 이후 흐름을 보면서 추가 하락이 나오는지 살펴보자.

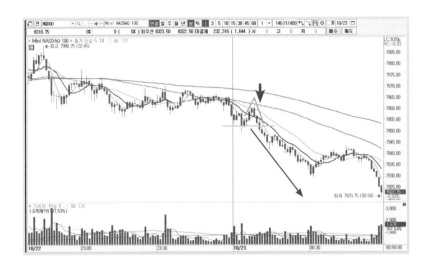

　　이후 흐름을 보면, 하락추세 중간에 발생한 **역V자 패턴 완성**과 **직전 종가상 저점**(파란색 평행선)이 이탈된 이후 추가 하락세가 이전보다 가파르게 진행된 것을 알 수 있다. 물론 하락 중간에 **20이동평균선**(노란색 곡선)을 약하게 상향돌파하는 흐름 때문에 추가 하락폭이 크진 않았지만, 파란색 화살표 지점에서 매도포지션 진

입 후 50분도 안 되는 시간에 30포인트(120틱) 정도 수익이면 1계약 당 원화로 66만 원에 해당하며, 이는 적지 않은 수익이라고 할 수 있다.

　이번에는 '반전형 패턴의 변신' 중 [쌍봉(M자) 패턴]에 대해 살펴보자. 나스닥선물 1분봉 차트를 보면, 새벽 3시경부터 완만한 하락추세가 진행된 것을 볼 수 있고 새벽 4시부터 고점 부근에서 자주 발생하는 쌍봉(M자) 패턴(네 개의 주황색 대각선)이 하락추세 중간에 출현한 것을 알 수 있다. 이는 전형적인 반전형 패턴의 변신에 해당되며 쌍봉(M자) 패턴이 완성되면서 직전 저점(파란색 평행선)을 하락이탈하는 지점(파란색 화살표)이 매도포지션 진입 맥점이 된다. 이후의 흐름을 살펴보도록 하자.

　이후의 흐름을 보면, **쌍봉(M자) 패턴이 완성됨**과 동시에 **직전 저점**(파란색 평행선)이 이탈한 파란색 화살표 지점 이후 살짝 반등이 있었지만, 지지선이 저항선으로 바뀐 파란색 평행선을 돌파하지 못하자 바로 수직 낙하하는 모습이 나왔다. 1차 추가 하락 이후 **20 이동평균선**(노란색 곡선)을 돌파했으나, 다시금 이탈(보라색 박스)하니 또다시 가파른 2차 추가 하락이 진행됐다. 이렇듯 해외선물은 진행방향으로 강한 추세흐름을 지속적으로 보이는 경향이 강하다. 물론 추세를 거스르는 강한 반등이나 반락도 자주 나오지만, 진정한 큰 수익은 추세방향에 제대로 올라탔을 때 얻을 수 있다.

2. 반전형 패턴의 변신(홍콩항셍선물)

    [홍콩항셍선물]에서 '**반전형 패턴의 변신**'을 알아보자. 위 홍콩 항셍선물 1분봉 차트를 보면, 오전 10시 15분 본장 시작 후 하락 3파동으로 계속해서 하락추세를 보이다 오전 11시 3분~11시 37분 사이 반등과 반락을 하면서 대표적인 반전형 패턴인 **[헤드앤숄더 패턴]**(여섯 개의 주황색 대각선)이 출현했다.

    보통 '**헤드앤숄더**' 패턴은 고점에서 상승추세가 하락추세로 전환될 때 나오는데, 이렇게 하락추세가 어느 정도 진행된 후에 나타나면서 **직전 저점**(녹색 박스, 파란색 평행선)을 하향이탈하면 반전형 패턴이 강력한 추세지속형 패턴으로 변신을 하게 된다. 즉, 파란색 화살표 지점이 **매도포지션 진입 맥점**이 된다. 이후 흐름을 보면서 확인해보자.

이후 흐름을 보면, 파란색 화살표 지점이 강력한 추가 하락의 시작점임을 알 수 있다. 즉, 본장 시초가 부근인 27,130포인트부터 시작된 첫 번째 하락 3파동 이후 26,950포인트 부근에서 시작된 반등과 반락으로 반전형 패턴인 '헤드앤숄더' 패턴이 출현했다. 이때 항생선물지수가 **직전 저점**(파란색 평행선)까지 이탈해 강력한 추세지속형 패턴으로 변신했고, 이 파란색 화살표 지점이 강력한 **매도포지션 진입 맥점**이 된다.

매도포지션 진입 이후 지수는 대략 30분 만에 160틱 이상의 큰 추가 하락을 보였다. 160틱이면 원화로 1계약 당 123만 원 정도의 큰 수익이다. 항생지수는 다른 해외선물 상품보다 추세가 강한 상품이기 때문에 방향만 제대로 진입하면 짧은 시간에 큰 수익을 얻을 수 있다.

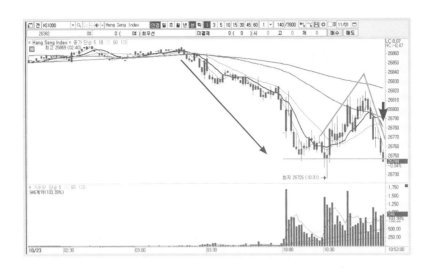

이번에는 홍콩항생선물에서 '반전형 패턴의 변신' 중 [역V자 패턴]을 알아보자. 위 홍콩항생선물 1분봉 차트를 보면, 전일 새벽 3시 20분경부터 시작된 하락추세가 다음 날 본장 시작(오전 10시 15분) 후까지 이어졌다. 하락하던 추세가 오전 10시 31분부터 반등을 시도했으나, 이내 급하게 다시 반락하면서 **역V자 패턴**이 출현했다. 이와 동시에 **직전 종가상 저점**(파란색 평행선)까지 하락이탈하면서 **반전형 패턴인 역V자 패턴이 강력한 추세지속**(여기서는 하락추세)**형 패턴으로 변신**했다.

이렇게 반전형 패턴(여기서는 **역V자 패턴**)이 추세지속형 패턴으로 변신하면서 직전 종가상 저점이 이탈하는 지점(파란색 화살표)이 **매도포지션 진입 맥점**이라고 할 수 있다. 그럼 이후의 흐름을 살펴보자.

　이후의 흐름을 보면, 역시 반전형 패턴이 강력한 추세지속형 패턴으로 변신한 것을 알 수 있다. 반전형 패턴인 **역V자 패턴**이 하락추세 중간에 출현하면서 직전 종가상 저점(파란색 평행선)을 하락이탈한 지점(파란색 화살표)이 강력한 **매도포지션 진입 맥점**이 되고 이후 큰 폭의 추가 하락이 나왔다. 대략 26,750포인트에서 추가 1차 하락 지점인 26,550포인트까지 200틱 수익이 다이렉트로 나왔는데, 이는 원화로 환산하면 1계약 당 150만 원 이상에 해당하는 큰 수익이다. 불과 16분 만에 얻은 수익으로 홍콩항셍지수는 해외선물 상품 중 짧은 시간 안에 가장 강력한 추세를 보이는 대표적인 종목이라고 할 수 있다.

반전형 패턴의
변신 ②

이번에는 '반전형 패턴의 변신'이 크루드오일(Crude Oil)선물과 금(Gold)선물에서 어떻게 나타나는지, 그리고 이후 흐름은 어떻게 전개되는지 살펴보자.

1. 반전형 패턴의 변신(크루드오일^{Crude Oil} 선물)

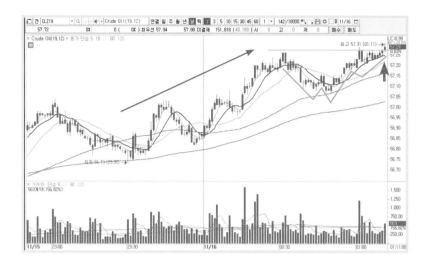

크루드오일(Crude Oil)선물에서 나타난 **'반전형 패턴의 변신'**을 알아보자. 크루드오일(Crude Oil)선물 1분봉 차트를 보면, 밤 10시 경부터 조정파가 제법 크긴 하지만, 상승파동을 그리면서 우상향 추세를 보였다. 상승추세를 타던 지수는 오전 12시 32분 짧은 하락3파동으로 반락을 보였으나 다시금 전고점 이상까지 반등했는데, 이때 대표적인 반전형 패턴인 **[역헤드앤숄더 패턴]**(여섯 개의 주황색 대각선)을 만들었다.

실전에서 나오는 패턴은 교과서처럼 깔끔하진 않기 때문에 이 패턴을 **'원형바닥형' 패턴**으로 볼 수도 있지만, 둘 다 반전형 패턴이라는 공통점이 있기 때문에 크게 중요하진 않다. 어쨌든 상승추세가 어느 정도 진행된 고점 부근에서 반전형 패턴인 '**역헤드앤숄더**' 패턴이 출현했고, 오전 1시 1분에 직전 고점을 먼저 돌파한 이후 오전 1시 11분 재차 오전 1시 1분의 종가상 고점(파란색 평행선)마저 돌파했기에, 이 반전형 패턴은 강력한 추세지속형 패턴이라고 볼 수 있다. 이때 직전 종가상 고점이 돌파된 지점이 **매수포지션 진입 맥점**이라고 할 수 있다. 이후 흐름이 어떻게 전개됐는지 살펴보자.

   이후 흐름을 보면, 상승추세 중간에 반전형 패턴인 **역헤더앤숄더 패턴**이 출현함과 동시에 **직전 종가상 고점**(파란색 평행선)을 돌파한 빨간색 화살표 지점 이후 살짝 눌림목이 있었지만, 다시 파란색 평행선을 돌파하면서 가파른 2차 상승추세로 급등했다.

이렇게 추세 중간에 나오는 반전형 패턴은 강한 지속형 패턴으로 변신하기 때문에 패턴을 예의주시할 필요가 있다. 수익과 손실은 종이 한 장 차이인데, 그 종이는 쉽게 뚫리지 않는 종이라고 할 수 있다. 즉, 세밀한 사항이 그 시점에서는 미약할 수 있지만 그 의미를 알고 있느냐 모르고 있느냐에 따라 결과는 천차만별로 벌어질 수 있는 게 투자의 세계다.

크루드오일(Crude Oil)에 나타난 또 다른 [역헤드앤숄더 패턴]을 살펴보자. 크루드오일(Crude Oil) 1분봉 차트를 보면, 오후 10시 31분부터 시작된 상승추세 이후에 반전형 패턴인 **역헤드앤숄더 패턴**(여섯 개 주황색 대각선)이 만들어졌다. 이때 **직전 종가상 고점**(파란색 평행선)을 두 개의 빨간색 화살표 지점에서 돌파했기 때문에 반전형 패턴이 추세지속형 패턴으로 변신한 것으로 볼 수 있

다. 이후 흐름을 보고 확인해보자.

이후 흐름을 보면, 1차 상승 시세 이후 추세 중간에 반전형 패턴인 **역헤드앤숄더 패턴**이 나오면서 **직전 종가상 고점**(파란색 평행선)을 돌파하니 강력한 추세지속형 패턴으로 변한 것을 확인할 수 있다.

여기서 주의할 점은 반전형 패턴이 추세지속형 패턴으로 완성되기 위해서는 **직전 종가상 고점을 돌파**(두 개의 빨간색 화살표)해야 한다는 것이고 돌파가 확인된 후에 **매수포지션을 진입**하는 것이 안전하다.

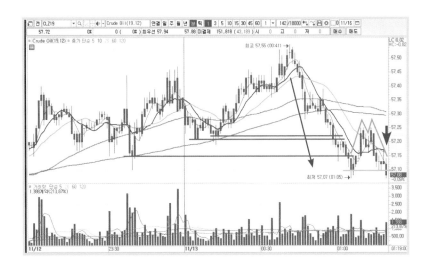

이번에는 크루드오일(Crude Oil)선물에 나타난 반전형 패턴인 **[쌍봉(M자) 패턴]**에 대해 알아보자. **쌍봉(M자) 패턴** 역시 대표적인 반전형 패턴으로 상승추세를 보이던 지수가 고가권에서 쌍봉(고점이 두 개)을 형성한 후에는 보통 하락추세로 전환되는 경향이 많다. 그런데 위 차트에서서는 고점이 아니라 하락추세가 어느 정도 진행된 저점 부근에서 쌍봉(M자) 패턴이 출현했다. 즉, 반전형 패턴의 변신일 가능성이 높은 상황이라고 할 수 있다.

오전 12시 41분, 추세 힘이 약한(반락이 강한) 상승추세가 고점 57.55를 찍고 하락추세로 전환되었다. 이때 가파른 하락추세로 전환되면서 **직전 종가상 저점들**(세 개의 보라색 평행선)이 차례로 하락 이탈된 모습을 볼 수 있다. 즉, 하락으로 전환된 추세가 반등은 나올지라도 다시 상승추세로 전환될 가능성이 점점 줄어드는 상황이다.

앞 저점들을 모두 하향이탈한 지수가 오전 1시 5분 저점 57.07 을 형성한 후 반등이 나왔으나, 반전형 패턴인 **쌍봉(M자) 패턴**을 만들고(네 개의 주황색 대각선) 다시금 직전 종가상 저점(파란색 평행선)을 이탈했다. 즉, 하락추세가 진행되는 중에 쌍봉(M자)패턴이 출현했고 **직전 종가상 저점**(파란색 평행선)까지 하락이탈했기 때문에 반전형 패턴이 강력한 추세지속형 패턴으로 전환된 것으로 볼 수 있다. 그럼 이후의 흐름을 통해 강력한 추세지속형 패턴으로의 변신을 확인해보자.

이후 흐름을 보면, 하락추세 중간에 반전형 패턴인 **쌍봉(M자) 패턴**을 만든 이후, **직전 종가상 저점**(파란색 평행선)을 이탈한 지수가 약간의 반등은 있었지만, 결국 하락각도를 세우면서 급락한 것을 볼 수 있다.

여기서 익절의 기준을 **20이동평균선**(노란색 곡선)으로 잡아도 되지만, 하락 목표치 계산하는 방법을 알면 수익을 조금 더 극대화할 수 있다. 즉, 이렇게 급락한 상황에서는 하락추세를 타고 추가 하락이 나올 수도 있지만, 지금처럼 하락파동이 어느 정도 진행된 후에 각도가 거의 수직으로 내리꽂는 캔들이 나올 때는 **20이동평균선** 돌파까지 기다릴 필요 없이 익절하는 방법이 있다.

목표치 계산 방법은, 하락의 시작점인 57.55포인트에서 1차 하락이 마무리된 57.10포인트까지의 하락폭만큼 추가 하락이 나오는 지점이 2차 하락 목표치가 된다. 1차 하락폭이 57.55-57.10=0.45(45틱)포인트이고 그 하락폭만큼 2차 하락을 계산하면, 57.10-0.45(45틱)=56.65이므로 56.65포인트가 2차 하락의 목표치가 된다. 위 차트에서 2차 하락의 저점이 56.64인 것은 이 때문이다. 즉 파란색 화살표 지점에서 매도포지션을 진입한 후, 하락 진행을 확인한 후에는 56.65포인트에 청산주문을 미리 내놓으면 하락 극점에서 수익청산을 할 수 있게 된다.

　다음으로, 반전형 패턴 중 하나인 **[원형천정형 패턴]**을 살펴보자. 크루드오일(Crude Oil) 1분봉 차트를 보면, 지수가 상승추세를 타다가 오전 12시 1분에 고점 57.85포인트를 찍고 하락추세로 전환된 것을 볼 수 있다. 중간에 반등세가 있긴 했지만, 고점을 못 넘고 다시금 하락추세로 진행되다가 오전 1시 4분~오전 1시 22분 사이에 **원형천정형 패턴**(주황색 반원)을 만들었다.

　이렇게 하락추세가 진행 중일 때 저점 부근에서 만들어지는 반전형 패턴에 주목해야 한다. 반전형 패턴이 강력한 추세지속형 패턴으로 변하는 순간이기 때문이다. 아직까지는 직전 종가상 저점을 이탈하지 않은 상태라 다음 봉 캔들을 살펴봐야 하지만, 1차 하락추세 중 두 개의 대음봉캔들에서 **대량의 거래량**(녹색 박스)이 발생한 것을 봤을 때, **원형천정형 패턴** 이후 2차 하락추세가 이어질 가능성이 높은 상황이다. 이후 흐름을 보도록 하자.

이후 흐름을 보면, 역시 **반전형 패턴이 추세 중간에 출현**하면서 **직전 종가상 저점**(파란색 평행선)을 하락이탈한 자리가 2차 하락 시세의 초입임을 알 수 있다. 즉, 추세 중간에 출현한 반전형 패턴은 강력한 추세지속형 패턴이 되며 이때 직전 종가상 저점을 이탈(파란색 화살표)한 자리가 **매도포지션 진입 맥점**이라고 할 수 있다.

이후 하락파동을 그리면서 80틱 가량 하락했다. 그 하락한 시간이 대략 30분 정도인데, 이 짧은 시간이 80틱 수익(1계약 당 대략 90만 원)이면 훌륭한 진입 맥점자리라고 할 수 있다.

2. 반전형 패턴의 변신(금Gold선물)

마지막으로 금(Gold)선물에서 '**반전형 패턴의 변신**'을 살펴보자. 금(Gold)선물 1분봉 차트를 보면, 오후 8시 57분에 본격적인 하락 추세에 돌입해 1차 하락추세가 진행되었다. 이 하락추세는 오후 6시 6분의 저점 부근(1,503.0~1,504.0포인트)에서 '**저가놀이**'(녹색 박스)를 한 후에 1,500.2포인트까지 2차 하락추세가 진행되었다.

보통 이렇게 2차 하락추세까지 진행된 후 지수는 반등을 모색하는데, 오후 10시 이후 **20이동평균선**(노란색 곡선)을 돌파해 반등을 시도했으나, '**저가놀이**'가 진행된 1차 하락의 저점 부근(녹색 박스)을 돌파하지 못하고 다시금 매수세가 매도 세력에 압도당하면서 반전형 패턴인 [**역V자 패턴**](두 개의 주황색 대각선)이 만들어졌다.

바닥권에서 **역V자 패턴**이 형성된 후에 **직전 종가상 저점**(파란색 평행선)까지 하락이탈하면 반전형 패턴은 강력한 추세지속형 패턴으로 변신하고, 이때가 **매도포지션 진입의 맥점**(파란색 화살표)이 된다. 이후의 흐름을 통해 확인해보자.

이후 흐름을 보면, 2차 하락 시세 이후에 반전형 패턴인 **역V패턴**이 강력한 추세지속형 패턴으로 변신한 것을 확인할 수 있다. **매도포지션 진입 맥점**(파란색 화살표) 이후 추가적으로 3~4차에 걸쳐서 큰 폭의 하락추세가 바로 나왔는데, 그 하락폭이 90틱(1계약당 대략 105만 원)에 달하며 수익 달성 시간도 불과 37분 정도에 불과했다.

여기서도 매도포지션을 수익청산하는 방법은 **20이동평균선**

(노란색 곡선)이 연속양봉으로 돌파될 때까지 기다리기보다는 매도포지션 진입 이후 **3차 하락폭**(1,501.0-1,496.0=5포인트(50틱))을 4차 하락폭에 대입(1,497.0-5포인트(50틱)=1,492.0)하면 하락 목표치가 1,492.0 포인트가 나온다. 차트를 보면 이 때문에 하락 최저점이 1,491.9포인트가 나온 것이다.

이렇게 진입 맥점이라고 할 수 있는 곳은 진입 이후 거의 바로 수익권으로 들어가는 곳이어야 한다. 그 방법 중 대표적인 것이 '반전형 패턴의 변신'이라고 할 수 있다.

이번에는 금(Gold)선물에 나타난 반전형 패턴인 **[역헤드앤숄더] 패턴**을 살펴보자. 금(Gold)선물 1분봉 차트를 보면, 오후 9시에 시작된 강력한 상승추세가 상승3파동으로 고점 1,517.5포인트까

지 올랐다. 120틱 이상이 불과 1시간 40분 만에 진행되었고 이후 밤 11시 하락 조정파가 나왔지만, 워낙 상승의 힘이 강해서인지 반전형 패턴인 **역헤드앤숄더 패턴**(여섯 개 주황색대각선)을 만들었다.

이것은 상승추세 중간에 반전형 패턴이 출회된 것으로 **직전 종가상 고점**(파란색 평행선)만 돌파한다면 강력한 추세지속형 패턴으로 변신할 수 있는 상황이다. 여기서 잘 보면, 역헤드앤숄더 패턴이 완성된 위치가 차트에서는 **직전 종가상 고점**(파란색 평행선)과 같은 위치로 보이지만 근소하게 돌파했고, 이 자리가 강력한 **매수포지션 진입 맥점**(빨간색 화살표)이 된다. 이후 흐름을 보자.

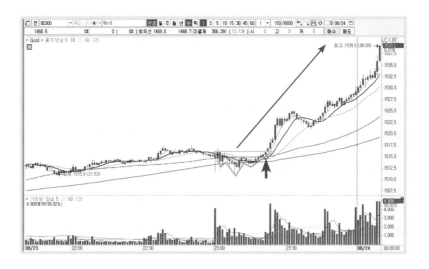

앞선 차트에서 크게 보였던 반전형 패턴인 **역헤드앤숄더 패턴**이 아주 작게 보일 정도로 매우 큰 추가 상승이 나왔다. **직전 종가상**

고점(파란색 평행선)이 돌파되면서 **역헤드앤숄더 패턴**이 강력한 추세지속형 패턴으로 변신하는 빨간색 화살표 지점이 **매수포지션 진입 맥점**이라고 했는데, 이후 불과 50분 만에 230틱이나 급등했다. 230틱이면 원화로 1계약 당 대략 270만 원에 해당하는 금액으로 소위 대박 수익급으로 볼 수 있다. 해외선물 중에서 홍콩항셍선물과 금(Gold)선물이 특히 이렇게 매우 큰 폭의 강한 추세를 보이는 경향이 크기 때문에 진입 맥점을 잘 아는 것이 무엇보다 중요하다.

투탑 Two Top 돌파를
공략하라!

지수가 본격적인 상승추세를 보일 때 나오는 핵심적인 신호가 있다. 우리는 이 신호를 포착한 후에 확신을 가지고 있다가 맥점을 나왔을 때, 과감하게 배팅할 수 있어야 한다.

추가 상승의 신호를 보이는 대표적인 것이 **투탑**(Two Top) 이후 지수가 다시 투탑 위치까지 올라온 후 이를 돌파하는 자리다. 보통 **투탑**(Two Top)이라고 하면 쌍봉이라고 해서 지수가 고점에서 하락 반전하는 강력한 신호로 알고 있지만 해외선물이나 주식에서 쌍봉인 척하고 반락했다가 이를 돌파한 후에 더 크게 상승하는 흐름이 자주 나온다. 즉, 쌍봉이 속임수이면서 중요한 매수 맥점이 탄생하는 사전 핵심적인 신호라고 할 수 있다.

그러면 실전 차트에서 **투탑**(Two Top)이 나온 이후, 이를 돌파했을 때 어떤 흐름을 보이는지 살펴보도록 하자.

1. [나스닥선물]에서 투탑(Two Top) 돌파

　나스닥선물 1분봉 차트를 보면, 오후 5시 이후 강한 급반등이 나오면서 **투탑**(Two Top)을 형성(두 개의 녹색 박스)한 것을 볼 수 있다. 보통 이런 모습을 쌍봉이라고 하며 이후, 하락하는 경향이 크다. 여기서도 쌍봉 이후 직전 저점을 이탈하는 반락이 나왔으나, 다시금 반등해 **투탑**(Two Top)을 돌파(빨간색 화살표)했다.

　여기서 중요한 점은 **투탑**(Two Top)이 쌍봉을 끝으로 하락추세로 접어들지 다시 반등할지를 예측해서는 안 된다는 것이다. 즉, **투탑**(Two Top)이 나온 이후 흐름을 예측하는 것이 아니고 다시금 투탑(Two Top) 위치까지 지수가 올라가는지와 이를 돌파하는지를 면밀해 관찰해야 한다. 만약 돌파까지 한다면 이는 쌍봉이 속임수

임을 증명하는 것이며 속임수 이후에는 반대방향으로 시세가 분
출할 가능성이 매우 높다. 이런 속임수를 '트랩(Trap)'이라고 한다.
이후 흐름이 어떻게 전개되는지 살펴보도록 하자.

이후 흐름을 보면, **투탑(Two Top)** 이후 반락하던 지수가 **투탑**
(Two Top) 위치까지 완만하게 반등한 이후, 이 자리(파란색 평행선)
를 돌파(빨간색 화살표)하고 나서 본격적인 상승추세에 돌입한 것
을 확인할 수 있다.

여기서는 돌파해서 약간의 추가 상승한 이후, 40분 가까이 옆으
로 횡보하는 흐름이 나온 다음에 본격적으로 가파른 상승추세가
나왔다. 이때 옆으로 횡보하는 구간을 '**고가놀이**'라고 하는데, 이
구간에서는 매수포지션을 홀딩하는 게 지루하긴 하지만, 이는 세

력이 고가권에서 추가 상승을 위해 에너지를 모으는 구간이기 때문에 이후에는 보통 가파른 2차 상승 시세가 나온다.

나스닥선물에서 **투탑**(Two Top)을 돌파하는 또 다른 경우를 살펴보자. 나스닥선물 1분봉 차트를 보면, 이동평균선이 역배열된 채계속해서 하락 흐름이 이어지다가 오전 4시 26분부터 단기 강한반등이 시작되었다. 이 반등세는 **투탑**(Two Top)(두 개의 녹색 박스)을 만들고 전형적인 쌍봉 흐름으로 반락했지만, 다시금 급반등하면서 결국 **투탑**(Two Top)을 돌파(빨간색 화살표)했다.

보통 대부분은 기존 하락추세에서 단기 반등이 나올 경우, 반등의 고점 부근에서 반전형 패턴인 쌍봉이나 헤드앤숄더 패턴을 만들고 다시금 앞 저점을 이탈하면서 기존 하락추세로 재돌입한다. 그런데 **이런 하락세를 이겨내서면서 다시 반등해 고점인 쌍봉**(Two Top) **지점을 돌파한다는 것은 매수세력이 매도세력을 압도했다는 강력한 신호라고 볼 수 있다.** 이후 흐름을 보면서 확인해보자.

이후 흐름이 어떠한가? **투탑**(Two Top) **위치**(두 개의 녹색 박스, 파란색 평행선)를 돌파(빨간색 화살표)한 지수는 이동평균선을 완전정배열로 만들면서 본격적인 상승추세에 돌입한 것을 볼 수 있다.

빨간색 화살표 지점에서 진입한 매수포지션은 상승 시마다 분할 수익청산을 할 수도 있고, 오전 5시 43분 **20이동평균선**(노란색 곡선)이 이탈되기도 했지만, 실전형이평선으로 접근해 **60이동평균선**(녹색 곡선)이 이탈될 때까지 홀딩하면 수익을 극대화할 수도 있다.

2, [크루드오일^{Crude Oil}선물]에서 투탑(Two Top) 돌파

이번에는 크루드오일(Crude Oil)선물에서 **투탑(Two Top)** 돌파 시 매수포지션 진입에 대해 살펴보자. 크루드오일(Crede Oil) 1분 봉 차트를 보면, 오전 12시 30분에 직전 고점(파란색 평행선)을 넘기는 새로운 상승추세가 시작됐다.

이 상승추세는 녹색 박스 지점에서 **투탑(Two Top)**을 만든 이후 반락했지만, 이후 다시 상승해 이 **투탑(Two Top) 지점**(파란색 평행선)을 돌파했다. 이때 빨간색 화살표 지점의 돌파 양봉 캔들이 **투탑(Two Top) 돌파 패턴**의 매수포지션 진입 맥점이 된다. 이후 흐름을 보면서 돌파 이후 기존 상승추세가 지속되는지 확인해보자.

투탑(Two Top) 돌파 이후를 보면, 돌파 전 1파 상승 이후 본격적인 상승 2파가 나오면서 우상향의 추세적 상승 흐름이 나온 것을 확인할 수 있다. 이렇게 매수 맥점에 해당하는 지점에서 진입하게 되면 바로 수익구간에 해당될 확률이 매우 높고, 실전형이평선을 바탕으로 포지션을 홀딩한다면 수익을 더욱 극대화할 수 있다.

위 예시에서는 진입 이후, 1시간 30분 정도에 대략 100틱 정도 수익이 나오는 것을 보여주고 있다. 원유선물에서 100틱이면 원화로 1계약 당 약 120만 원에 해당되는 수익으로 증거금 대비 매우 큰 수익이라 할 수 있다.

3. [금^{Gold}선물]에서 투탑(Two Top) 돌파

금(Gold)선물에서도 **투탑(Two Top) 돌파할 때 매수포지션 진입 맥점**이 될 수 있는지에 대해 알아보자.

참고로 보통 해외선물은 변동성이 크기 때문에 투탑 돌파의 패턴도 살짝 변형되는 경우가 많은데, 투탑이 아닌 **쓰리(Three)탑**, **포(Four)탑**을 돌파하는 경우가 그것이다. 즉, 평행한 두 곳의 고점을 돌파하는 경우와 더불어 세 곳, 네 곳의 고점을 돌파할 때도 투탑 돌파처럼 진짜 돌파가 나올 확률이 매우 높고 이때가 매수진입이 맥점이 된다.

금(Gold)선물 1분봉 차트를 보면, **투탑**(녹색 박스)의 기준선인 파

란색 선을 현재가 캔들(빨간색 화살표)이 돌파한 것을 알 수 있다. 여기서 녹색 박스를 자세히 살펴보면, 투탑으로 볼 수도 있고 쓰리탑으로 볼 수도 있으며, 파란색 선 돌파 직전까지의 파동고점까지 고려하면 쓰리탑 혹은 포탑이라고도 할 수 있다.

중요한 점은 정확히 투탑 돌파만 진짜 돌파가 되는 것이 아니고 이 경우처럼 쓰리탑 혹은 포탑을 돌파하는 경우에도 진짜 돌파가 되어 이후 본격적인 상승추세를 노릴 수 있는 매수진입 맥점이 된다는 것이다.

이후 흐름을 살펴보면서 매수진입 맥점이 될 수 있는지 알아보자.

돌파 이후의 흐름을 살펴보면, 이 돌파 지점이 본격적인 상승추세의 시작점임을 알 수 있다. **금(Gold)선물 시세**는 밤 11시 48분경 진짜 돌파 이후 지속적인 상승추세를 타면서 불과 1시간 17분만에 매수진입 지점인 1,544.2포인트에서 1,553.3포인트까지 91.1포인트(1계약 당 대략 원화로 110만 원)나 상승했다.

해외선물은 변동성이 크기 때문에 역추세 탄성을 노려서 스캘핑(극 초단타)으로 수익을 쌓아갈 수도 있지만, 이는 마디저항 및 지지가를 정확히 볼 줄 알아야 가능하기 때문에 이렇게 진입 맥점을 정확히 알고 추세를 노려서 수익을 내는 것이 안전하고 수익도 크다는 점을 명심해야 한다.

4. [홍콩항셍선물]에서 투탑(Two Top) 돌파

홍콩항셍선물에서도 **투탑(Two Top) 돌파** 패턴은 심심치 않게 등장한다. 하지만 투탑(Two Top)이 만들어지는 흐름이 상품마다, 그리고 같은 상품 내에서도 시점별로 틀리기 때문에 전체적인 흐름을 파악해 정확히 앞의 두 개의 고점을 돌파(1분봉 완성봉 기준)하는지 확인하고 진입하는 것이 중요하다.

항셍선물 1분봉 차트를 보면, 오후 4시 이후에 두 개의 고점(Two Top)이 형성(녹색 박스)된 것을 확인할 수 있다. 이후 오후 4시 39분에 1분봉 완성봉 기준으로 앞 두 개 고점을 돌파(빨간색 화살표)한 것을 확인할 수 있다. 이후 흐름을 보면서 투탑(Two Top) 돌파 패턴의 위력을 살펴보자.

돌파 이후의 흐름을 보면 차분하게 우상향하는 모습을 확인할
수 있다. 투탑(Two Top) 돌파 이후 바로 장대양봉을 내면서 급
등하는 경우도 있고, 이렇게 완만하게 지속적인 우상향의 흐름을
보일 때도 있으니, 매수포진션 진입 이후 너무 조급하게 접근하지
않는 것이 좋다. 돌파 이후 주간장 마감시간인 오후 5시 30분까지
100틱 이상 충분히 상승했기 때문에 손절라인을 파란색 평행선으
로 잡고 홀딩한다면 계약 당 수익은 충분하다.

추세선 돌파와
이탈

해외선물의 가장 큰 특징 중의 하나는, 본격적인 하락추세를 형성하기 전에 투자자들을 혼동시키기 위해 중요한 추세선 혹은 주요 이동평균선을 돌파했다가 재차 이탈한 후에 본격적인 하락추세로 돌입한다는 것이다.

이러한 반등을 '휩소(속임수)' 반등이라고 하는데, 이런 속임수 반등이 나오는 이유는 거짓 반등을 통해 일반 개인 투자자들이 매수 포지션으로 진입하게끔 유도한 후, 이들의 손실을 통해 하방세력이 수익을 극대화하기 위함이라고 볼 수 있다.

속임수 반등의 유형은 크게 상승추세 중에 나오는 경우와 하락추세 중에 나오는 경우로 나눌 수 있다.

상승추세 중에 나오는 속임수 반등은 앞에서 언급한 "본격하락은 '산'에서 시작한다"와 비슷하게 볼 수 있는데, 반등 이후 보통 역V자 패턴을 완성하는 연속 음봉들이 출현하는데 이것을 확인하고 매도포지션을 진입하는 것이 안전하다.

하락추세 중에 나오는 속임수 반등은 상승추세 중에 나오는 속임수 반등보다는 반등의 폭이 작고 역V자 패턴까지 기다리지 않고 반등의 고점에서 음봉 한 개만 출현해도 진입할 수 있다.

그럼 각 해외선물 상품별로 추세선 돌파와 이탈의 유형을 알아보도록 하자.

1. 추세선 돌파와 이탈(나스닥선물)

　나스닥선물 1분봉 차트를 보면, 오후 2시 30분 이후에 파란색 선인 하락추세선 상단을 돌파(주황색 동그라미)한 이후, 상승추세선 하단인 빨간색 선을 다시 이탈(파란색 동그라미)한 것을 확인할 수 있다.

　여기서 추가로 확인해야 될 부분은 돌파됐을 때 장기이동평선인 60, 120 이동평선이 계속해서 **역배열**(60＜120)되어 있다는 점이다. 즉, 돌파 이후 상승추세로 나아가기 위해서는 돌파 전에 장기이동평균선이 최소한 수렴상태로 있어야 돌파 이후에 정배열 추세를 형성할 수 있게 되는데, 이 경우에는 계속해서 역배열된 상태로 머무르고 있는 점이 수상하다고 할 수 있고, 여기서 재차 상승추세선 하단을 이탈하게 되어 오히려 추세선 이탈과 하락정배열(역배열)이 완성되어 본격적인 시세 하락이 시작될 가능성이 매우 높아졌다고 할 수 있다.

그럼 이후 흐름을 통해 하락추세가 맞는지 확인해보자.

이후 흐름을 보면, 본격적인 하락추세의 시작점이 **상승추세선 하단**(빨간색 선)을 이탈했을 때라는 것을 확인할 수 있다. 하락추세가 본격 시작된 이후에도 속임수 반등이 계속 나오고 있지만, 전체적인 추세가 하방으로 잡혀 있기 때문에 반등 시마다 매도포지션을 추가하는 전략이 유효하다고 할 수 있다.

나스닥선물에서 추세선 돌파와 이탈의 다음 사례를 살펴보자.

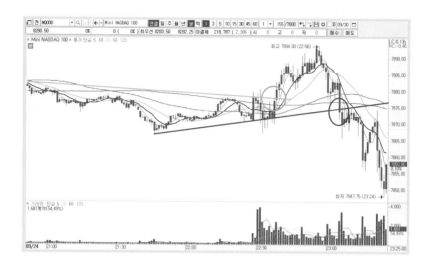

　나스닥선물 1분봉 차트를 보면, 앞선 사례와 비슷한 흐름을 보
여주고 있다. 차이점은 앞선 사례에서는 반등의 고점이 직전 최고
점을 넘지 못했지만, 이번 사례에서의 반등은 직전 최고점을 넘어
본격적인 상승추세의 흐름을 보일 것 같은 모습을 보여줬다는 점
이다. 다시 언급하지만, **하락추세선 상단**(파란색 선)을 **돌파**(주황색
동그라미)할 때 **장기이동평균선이 역배열**(60＜120)되어 있다면 일
단 의심하는 습관을 가져야 한다.

　속임수 반등의 모습은 다양하게 진행되지만, 반등의 시작점에서
역배열 상태라면 섣불리 매수로 진입하기보다는 추세가 다시 하
락으로 전개될 가능성을 열어두고 관망하는 것이 좋다. 왜냐하면
여기서 다시 하방추세로 돌입한다면 기존의 하락추세에서 속임수
상방이 나온 것이기 때문에 매수자들의 손절 물량과 함께 강력한
하락추세의 시작이 되기 때문이다.

위 사례에서 **상승추세선 하단**(빨간색 선)이 **이탈되는 지점**(파란색 동그라미)이 매도포지션 진입의 맥점이라고 할 수 있다. 이후 흐름을 살펴보자.

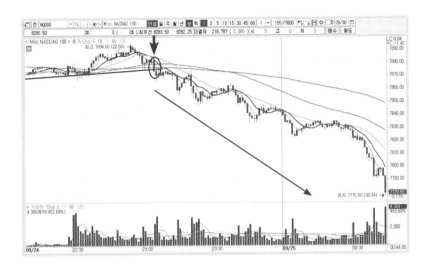

차트를 보면 **상승추세선 하단**(빨간색 선)을 이탈한 이후, 시세는 하락파동을 그리면서 강력한 하락추세로 급락한 것을 확인할 수 있다. 물론 하락파동이 만들어질 때 속임수 반등 캔들도 나름 크긴 하지만, 파동과 추세의 속성상 매우 강한 하락추세가 만들어질 때 조정파인 반등의 폭도 클 수밖에 없으나 마지막 하락 클라이맥스 흐름은 힘들게(?) 하락추세를 믿고 견딘 투자자들에게 추가적인 대박 수익을 안겨준다. 밤 12시 30분 이후의 마지막 급락 흐름으로 이를 확인할 수 있다.

여기서 추가로 확인할 사항은 추세 급락 전 4장의 1에서 설명한 반전형 패턴의 변신이 출현했다는 점이다. 즉, 밤 12시 30분 이후 마지막 급락이 나오기 전 밤 12시 5분~12시 30분 사이의 움직임이 원형천정형 패턴으로, 보통 원형천정형은 고점 부근에서 출현하면 하락 반전된다는 전형적인 반전형 패턴이나 이렇게 추세 중간에 출현할 경우 강력한 추세지속형 패턴으로 변신을 하게 된다.

나스닥선물에서 추세선의 돌파와 이탈의 또 다른 사례를 살펴보자.

이번 경우에는 하락추세선 상단을 돌파하는 것이 아니고, 전체적으로 단기 반등추세에서 **저항선**(파란색 평행선)을 돌파한 이후, 상승추세를 이어가지 못하고 바로 역V자 패턴을 만들면서 **상승추**

세선 하단(빨간색 선)을 종가상 이탈(파란색 동그라미)하는 경우다.

해외선물에서는 소위 **'꺾기'**가 자주 나온다. '꺾기'란 잘 가던 추세가 반대로 급반전되는 경우를 뜻하는데, 상승 혹은 하락추세를 확인하고 들어가는 개미들의 뒤통수를 아주 빠른 속도로 치는 세력의 주된 전법(?)이라고 할 수 있다. 여기서 중요한 점은 만약 상승추세를 타려고 들어갔는데, 이렇게 재빨리 '꺾기'가 나오면서 추세가 무너지는게 확인된다면, 상승포지션은 목숨 걸고 빠른 손절로 대응해야 한다는 점이다. 손절 후 바로 매도포지션으로 스위칭하기까지는 많은 훈련이 필요하겠지만, 적어도 매수포지션을 들고 손실을 키우면 절대 안 된다. 이럴 때 버티면 소위 '대참사'를 맞는 경우가 많기 때문이다. 이후 흐름을 보면서 확인해보자.

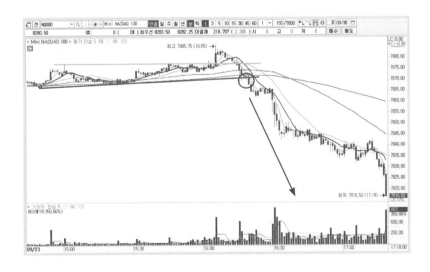

이후 흐름을 보면, 상승추세를 최종 이탈한 파란색 동그라미 지점 이후 본격적인 하락추세가 이어지는 것을 알 수 있다. 하락이탈 전의 완만한 상승추세와는 비교가 안 될 정도로 하락각도를 세우면서 급락이 나왔는데 이것을 세력의 입장해서 생각해보면, 손절을 못하고 상승포지션을 들고 있는 개미들이 그만큼 많기 때문에 이들의 손실을 빨리 키워야 세력들의 수익이 급증하기 때문이다. 즉, 시세가 급하게 반대방향으로 진행된다면 이건 세력들이 의지를 갖고 '개미죽이기'를 시도한다고 생각하면 된다.

본론으로 돌아와서 **하락이탈이 된 지점**(파란색 동그라미)에서 신규 매도포지션을 들어갔다면 1시간도 안 되는 시간 동안 나스닥선물이 55포인트(220틱) 정도 급락하면서 1계약 당 최대 130만 원이 넘는 수익을 올릴 수 있게 된다.

2. 추세선 돌파와 이탈(금Gold선물)

이번에는 금(Gold)선물에서 추세선 돌파와 이탈에 대해 알아보자.

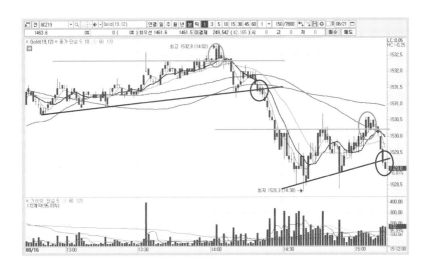

금(Gold)선물 1분봉 차트를 보면, 오후 2시 직후 **저항선**(파란색 평행선)을 돌파한 상승추세가 급격해 하락으로 반전되면서 **상승추세선 하단**(빨간색 선)을 **하향이탈**(첫 번째 파란색 동그라미)하고 하락추세로 급격히 전환된 것을 확인할 수 있다.

그런데 금(Gold)선물은 강한 추세상품이 맞긴 하지만, 간혹 오후 2시 30분 이후의 모습처럼 강한 쌍바닥 패턴을 보여주면서 다시 상승추세로 복귀할 것 같은 **'휩소'**(속임수)를 곧잘 보여준다. 이

때는 첫 번째 매도포지션 진입 지점인 첫 번째 파란색 동그라미 지점을 **본절**로 잡고 다시금 하락추세로 전환되는지 지켜보는 것이 중요하다. 역시나 **60이동평균선**(녹색 곡선)이 강하게 우하향추세를 보여주는 상황이라 다시금 하락추세로 복귀하는 것을 두 번째 파란색 동그라미 지점으로 확인할 수 있다.

이렇게 상승추세선 하단을 두 번이나 이탈하는 모습을 보여줄 때는 더욱 강한 하락추세가 형성될 가능성이 높다. 세력 입장에서 생각해보면, 두 번이나 매수세력의 뒤통수를 친 상황이라 매수세력의 손절을 유도하거나 손절 못 한 매수세력의 손실을 극대화시켜 자신들의 수익을 더욱 크게 만들려고 하기 때문이다. 이후 흐름을 보면서 이를 확인해보자.

해외선물 필승 실전기법

이후 흐름을 보면, 두 번째 이탈 지점(두 번째 파란색 동그라미) 이후에 하락추세 각도가 더욱 가파르게 만들어지면서 하락하는 것을 확인할 수 있다. 앞에서 언급했다시피 '**휩소**'(속임수)가 많으면 많을수록 세력의 의도는 더욱더 확실해진다고 할 수 있다.

이렇게 수익 확률이 높은 하락포지션의 진입 맥점을 정확히 알고 추세를 끌고 가는 힘을 기른다면 해외선물에서 단시간 내에 높은 수익을 얻을 수 있다. 해외선물은 변동성이 강하고 어디로 튈지 모르는 영역도 많지만, 기본적으로 강한 추세지향성이 특징이기 때문에, 스캘핑(초단타)도 쌓으면 적지 않은 수익이 되기 때문에 무시할 수는 없지만, 주된 수익전략은 추세 매매임을 명심해야 한다. 이 말은 반대로 역추세 매매로 추세에 맞선다면 여러분의 계좌잔고는 한여름에 눈 녹듯 녹을 수 있다는 것을 뜻한다. 해외선물에서 크든 적든 주된 수익은 추세 매매이어야 한다.

이동평균선 정배열 탄생을
주목하자!

해외선물에서 주된 수익전략은 추세 매매라고 앞에서 언급했다. 물론 상방이든 하방이든 강력한 추세가 만들어지기 전에 세력들이 소위 **'휩소'**(속임수)를 주면서 진정한 추세를 만드는 경향이 크지만, 어쨌든 추세지향 매매를 해야 계좌잔고를 지속적으로 우상향시킬 수 있다. 해외선물은 강한 추세지향성 상품이기 때문이다.

그런데 추세가 만들어지기 전에 항상 속임수가 있는 것은 아니다. 즉, 꼬여 있던 이동평균선들이 서서히 정배열 혹은 역배열을 만들면서 결국에는 **완전 정배열(5일선＞20일선＞60일선＞120일선) 혹은 완전 역배열**을 완성한 후 최초 만들어진 추세가 강화되는 경우가 있는데, 이때는 추세가 바뀌는 속임수가 나오지 않는다. 오히려 추세가 급격히 바뀌는 속임수가 나오지 않을까 하는 의심으로 인해 이동평균선 완전 정배열의 **초기 진입 맥점자리**에서 진입을 하지 못하거나 더 불리한 지점에서 진입하게 된다. 진입을 못 하면 수익기회가 상실되고 더 불리한 지점에서 진입하게 된다면 언제든 추세가 꺾일 수 있다는 불안함 심리 때문에 적은 수익으로 청산할 가능성이 높다.

여기서는 이동평균선이 서서히 정배열되는 과정을 살펴보고 매수포지션 진입의 맥점이 어디인지 살펴보도록 하자.

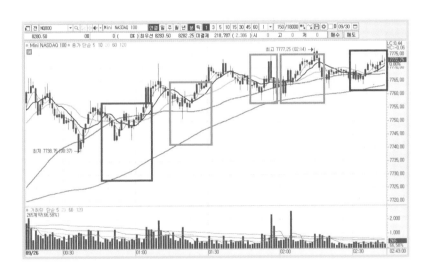

나스닥선물 1분봉 차트를 보면, 여러 개의 **박스표시 지점**을 볼 수 있다. 하나씩 분석해보도록 하자.

첫 번째 보라색 박스는 60이동평균선이 120이동평균선 위에 위치해 있지만, 단기 이동평균선(5,10,20)들이 60이동평균선 아래에 있어 이동평균선들이 꼬여(혼조세) 있는 지점이다. 또한 60과 120 이동평균선의 이격(간격)이 크게 벌어져 있어 본격적인 추세상승 지점이라고 할 수 없다.

두 번째 녹색 박스는 단기 이동평균선(5,10,20)들만 혼조세를 보이다 완전정배열(5>20>60>120)을 만들고 있지만, 아직까지 120이동평균선과의 이격도가 어느 정도 있는 상황이라 짧은 상승을 노리고 단타매수를 할 수는 있지만, 추세를 노리고 진입하기에는 아직 무리가 있는 지점이다.

세 번째 주황색 박스 두 개 중 첫 번째는 이동평균선들 간의 이격이 많이 축소된 상태이지만, 단기 이동평균선들이 60이동평균선과 정배열된 상태에서 상승이 나온 게 아니고 역배열(60이동평균선 아래)에서 상승이 나와 녹색 박스의 상황과 비슷하다고 할 수 있다. 두 번째 주황색 박스 지점은 그나마 이동평균선들의 이격도도 작고 완전정배열의 모습을 갖추고 있다. 하지만 첫 번째 자주색 박스에서 단기상승 이후 곧바로 두 개의 장대음봉이 출현했고, 두 번째 자주색 박스 초입 부분에서도 상승양봉을 바로 막는 장악형 음봉이 출현하고 상승해 아직까지는 상승세력이 하락세력을 완전히 장악했다고 할 수 없다.

네 번째 빨간색 박스는 장·단기 이동평균선들의 이격도가 가장 많이 축소된 상황에서 단기 이동평균선들과 60이동평균선이 완벽히 수렴한 후, 완전정배열을 만드는 상승(정배열에서 머리는 든다는 표현을 쓴다) 초입의 모습으로 상승추세를 노리고 **매수포지션을 진입할 수 있는 가장 완벽한 맥점자리**라고 할 수 있다.

이후의 흐름을 보면서 완전정배열 맥점자리 진입이 왜 중요한지 알아보자.

이후 흐름을 보면, 빨간색 박스 지점 이후에 지속적인 우상향추세를 보여주고 있는 것을 알 수 있다. 이동평균선 정배열이 완벽히 갖추어지지 않는 지점에서 단기상승을 노리고 단타 수익을 올리는 것도 물론 의미 있는 수익 확보 전략 중 하나지만, 진정한 추세가 나왔을 때 추세 매매를 통해 수익을 극대화시키지 못한다면

계좌잔고는 쉽게 불어나지 않는다. 해외선물 투자에서는 큰 수익 기회가 왔을 때 수익을 크게 확보해놔야 예기치 않은 지점에서 손절도 과감하게 할 수 있다. 큰 수익기회를 놓치게 되면 아쉬움이 많이 남고 수익을 크게 확보해놓지 못했기 때문에 손절을 반드시 해야 할 지점에서도 순간 머뭇거리게 된다. 세력은 그때를 놓치지 않고 아주 빠르게 반대방향으로 시세를 끌고 간다. 여러분들은 큰 손실이 어쩌다 우연의 일치로 발생했다고 생각하지만, 이 모든 것은 세력이 치밀하게 계획(?)해놓은 것이라는 것을 명심해야 한다.

캔들 각도의
중요성

이번 장에서는 캔들 각도의 중요성에 대해 살펴보자. 캔들은 매수세력과 매도세력이 격돌하는 현재 체결가의 궤적을 1차적으로 표시해놓은 것으로, 추세 전환 시 가장 먼저 반응한다. 이 체결가의 1차 덩어리인 캔들이 갑자기 가파르게 각도를 세우면, 이후 의미 있는 추세 전환이 발생할 가능성이 높다. 구체적으로 예를 들어 설명해보면, 하락추세로 움직이던 시세가 일정한 하락파동을 끝낸 후에 각도가 가파른 장대양봉 캔들이 출현한다면 상승추세로 급격히 전환되는 경우가 많다. 각도가 가파른 캔들은 파동상 5파동 이후에 출현하기도 하고 반전형 패턴을 만들면서 출현하기도 하기 때문에 실전에서 많은 관찰이 필요하다.

실전사례를 통해 각도가 가파른 캔들 출현 시 이후 시세의 흐름을 살펴보도록 하자.

나스닥선물 1분봉 차트를 보면, 전체적인 흐름이 하락추세라는 것은 한눈에 알 수 있다. 여기서 하락파동의 수를 계산해보면, 오전 8시를 기준으로 하락 5파동 이후 연장파동이 나왔고, 오전 9시 이후를 보더라도 **하락5파동**(파란색 선)까지 완성된 것을 알 수 있다. 이후 빨간색 동그라미 부분에서 갑자기 **각도가 가파른 장대양봉 캔들**이 출현했다. 이 캔들은 각도도 가파르지만, 여기에 주요 단기 이동평균선(5,20이동평균선)들을 한 번에 돌파한 모습을 보여주고 있다. 물론 주황색 동그라미 지점에서도 각도가 가파른 장대양봉이 출현했지만, 그 지점은 하락5파동이 끝나지 않은 지점이기도 하고 **20이동평균선**(노란색 곡선)을 장대양봉이 한 번에 돌파하지 못했기 때문에 완벽한 자리라고 보기 힘들다.

그럼 빨간색 동그라미 지점에서 출현한 각을 세운 장대양봉 캔들 이후의 모습을 살펴보도록 하자.

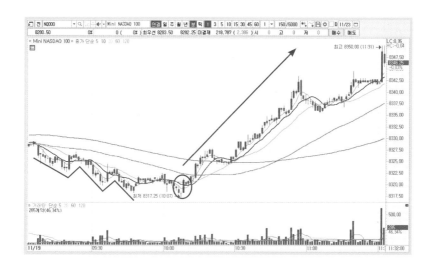

이후 흐름을 보면, 빨간색 동그라미 지점에서 각을 세운 장대양봉 캔들의 출현 이후, 하락추세가 급격히 상승추세로 전환되는 것을 알 수 있다. 이렇게 추세가 급격히 전환될 때는 거의 항상 각을 세운 장대양봉 혹은 장대음봉캔들이 출현한다는 것을 명심해야 한다.

그럼 각을 세운 장대양봉 캔들에서 매수포지션을 진입했다면 익절은 어디서 해야 할까? 익절 전략은 **추세선 상하단 청산전략, 수익 확보(트레일링스탑)전략** 등 여러 가지가 있지만, 가장 수익을 극대화하는 전략은 앞에서 언급한 '**실전형이평선**'을 기준으로 익절 청산을 하는 것이다.

'실전형이평선' 청산전략이란, 의미 있는 이동평균선 돌파 캔들 (여기서는 각을 세운 장대양봉 캔들) 이후 처음에는 **20이동평균선** (노란색 곡선)을 익손절 라인으로 설정하고 20과 60이동평균선이 **골 든크로스(20>60)**를 발생하면, 그때부터 **60이동평균선**(녹색 곡선) 을 익절 청선라인으로 설정하는 전략이다. 마지막으로 60과 120 이동평균선마저 **골든크로스(60>120)를 발생**시킨다면, 최종적으 로 **120이동평균선**(회색 선) 라인이 이탈되기 전까지 끝까지 수익 을 끌고 간다. 이렇게 하면 안전하면서도 추세적으로 수익을 극대 화할 수 있게 된다.

다음 사례도 보면서 캔들 각도의 중요성에 대해 알아보도록 하자.

앞의 크루드오일(Crude Oil)선물 1분봉 차트를 보면, 강한 추세가 형성되지 않은 혼조 박스권 상황에서 주황색 동그라미 지점에서 각을 세운 장대양봉 캔들이 출현했다. 이 지점에서도 매수포지션 진입이 가능할 수 있지만 장대양봉에 위꼬리가 어느 정도 있고, 이후 흐름을 보면 깔끔한 추세상승보다는 음봉이 많이 섞이면서 힘겹게 우상향하는 모습을 볼 수 있다.

아니나 다를까 오후 3시 30분 이후에 반락이 진행되면서 다시금 혼조 박스권 상황으로 가는 듯하다 오후 3시 55분에 대량의 거래량을 동반하면서 **20, 60이동평균선을 동시에 돌파하는 각을 세운 장대양봉 캔들**(빨간색 동그라미)**이 출현**했다. 이 캔들은 이전에 발생한 최대거래량의 두 배 이상이면서 주요 이동평균선을 돌파했기 때문에 이후 추세상승의 신호탄이 될 가능성이 매우 높은 상황이다. 이후 흐름을 살펴보도록 하자.

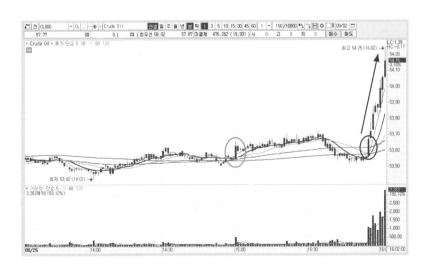

이후 흐름을 보면, 주황색 동그라미 지점에서 출현한 장대양봉 캔들과는 달리 빨간색 동그라미 지점에서 출현한 장대양봉 캔들 이후에 추가적으로 연속양봉 캔들과 대량의 거래량이 지속적으로 발생하면서 급격한 우상향추세를 형성한 것을 알 수 있다.

이렇게 기존 추세를 이겨내면서 각을 세운 장대양봉 혹은 장대 음봉캔들은 급격한 추세 전환의 신호탄이 될 가능성이 높고, 이때 포지션 진입 전략은 종가를 확인 후에 진입하는 것이기 때문에 상 대적으로 안전하면서도 단시간 내에 수익을 극대화할 수 있다. 여 기서도 익절 청산은 '**실전형이평선**'으로 설정하고 대응하는 것이 수익을 조금 더 낼 수 있다.

진짜 하락 공략법

해외선물에 투자하다 보면 매일 수익을 조금씩 잘 내다가 특정한 날에 며칠 혹은 몇 주치 수익을 한꺼번에 잃는 경험을 하게 될 때가 많다. 중수 이상의 실력을 가지고 있는 투자자들도 이런 일들이 비일비재해서 의욕도 상실되고 이후 투자에서도 심리적으로 악영향을 받게 된다. 물론 포지션 진입 후 바로 로스컷(MIT) 주문을 철저히 해놓은 투자자들은 이런 상황을 덜 맞이하게 되지만, 이상하게도 크게 잃는 날에는 로스컷 주문도 안 내고 강하고 확신에 찬 뷰(예상)를 고집하다가 크게 손실을 보는 경우가 많다.

이것은 선물 시장의 특징에 기인한다. 즉, 파생상품의 특징은 그동안의 변동폭을 한 번에 뒤집는 큰 변동성을 한 번씩 보여주는데, 이때 대부분의 투자자들은 당황한다. 모든 인간은 본능적으로 안

정을 추구하는 속성을 가지고 있어서 주어진 상황을 자신의 예측 범위 내로 제한하고자 하는 심리적 속성을 가지고 있다. 이 때문에 하락의 움직임이 뻔히 보이는데도 그 동안의 변동폭만을 생각하고 일정 하락폭 이후 반등하겠지 하는 생각으로 역추세 포지션(매수)에 진입해서 하락추세에 끌려다니다 손실을 키우게 되는 것이다.

물론 일정 변동폭 이내의 움직임을 보여주는 날이 많기 때문에 평소에 이러한 역추세 매매는 수익을 주지만, 변동폭 확대장에 한 번 걸려들게 되면 역추세 매매는 한마디로 소위 '대참사'를 발생시킨다.

그럼 이런 변동성 확대장이 나오는 진짜 하락추세에서 하락 초입 부분에서 매도포지션 진입하는 방법에 대해 알아보도록 하자. 상방 쪽으로 변동성이 확대되는 경우도 있긴 하지만, 그런 경우보다는 대폭락 장세에서 개인 투자자들이 크게 손실 나는 경우가 많기 때문에 이 부분을 살펴보는 게 더 의미가 있을 것이다.

진짜 하락은 전일 하락추세의 연장에서 나온다!

해외선물의 특징 중 가장 강력한 특징은 강한 추세지속성이라고 언급했다. 이 강한 추세지속성으로 진짜 하락이 나올 때는 거의 항상 그 전날 1차 하락을 보여주고, 다음 날 본격적으로 2차 대폭락이 나온다.

물론 추세를 형성하기 전에 매수와 매도세력 간의 치열한 공방전으로 추세방향과 반대되는 반등이 지속적으로 나오기도 하지만, 그런 반등을 계속해서 매도 세력이 제압하는 모습을 포착하는 것이 중요하다.

차트는 홍콩항셍선물 일봉 차트로, 파란색 동그라미들을 자세히

보면 비슷하게 연속 음봉이 출현했는데 둘 다 공통적으로 두 번째 음봉캔들이 더욱 큰 것을 확인할 수 있다. 즉, 하락이 시작됐을 때 보통 첫 번째 음봉 이후 다음 날 더욱 큰 하락을 보여주는 경향이 크다. 물론 다음 날 추가로 더 큰 폭의 하락이 나올지는 당일 시초가 지점과 시초가 이후 최소 30분 정도 움직임을 파악하고 매도포지션에 진입하는 것이 안전하다. 그럼 두 번째 파란색 동그라미 지점에서 분봉 차트를 살펴보면서 매도 타점을 잡아보자.

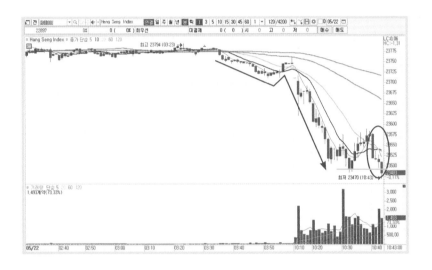

홍콩항성선물 1분봉 차트를 보면, 두 번째 날의 시초가(오전 10시 15분)는 전일 종가 아래에서 시작했고 시초가 이후 전날의 하락추세가 계속 이어지는 것(파란색 선)을 확인할 수 있다. 10시 30분 경까지 하락추세가 이어지다 이후 반등을 시도해 **20이동평균선**(노란색 곡선)까지 돌파하지만, 바로 **5, 10, 20이동평균선**을 모두 하

락이탈시키는 장대음봉과 이후 연속음봉이 출현하면서 직전 종가상 저점(파란색 선)까지 이탈(파란색 동그라미)하는 흐름이 나왔다.

여기서 매도세력이 반등을 제압하는 모습이란, 이렇게 20이동평균선까지 반등한 시세를 **장대음봉 하나로 모든 이동평균선들을 한번에 이탈시키는 모습**을 말한다. 물론 이렇게 한 번에 제압하는 경우도 있고, **중폭 크기의 여러 개 음봉이 연속해서 나오면서 이동평균선들을 재차 하향이탈하는 경우**도 있다. 그럼 이후 흐름을 어떻게 진행되는지 살펴보자.

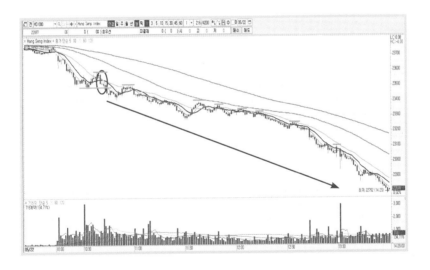

이후 흐름을 보면, 매도세력이 매수세력을 압도한 지점(파란색 동그라미) 이후 소폭의 반등은 나왔지만, 지속적으로 매도추세를 이어가는 것을 알 수 있다. 매도추세를 이어가는 정도가 아니라 거의

급락추세로 시세가 전개되고 있다.

여기서 주목할 두 번째는 원웨이(일방향) 추세하락이라도 파동을 그리기 때문에 반등이 나오는데 **반등의 고점이 지속적으로 낮아지는 것**(일곱 개의 녹색 평행선)을 확인할 수 있다. 즉, 진짜 하락 즉 폭락추세가 나올 때는 반등의 고점이 계속해서 낮아진다는 것을 알고 있어야 한다. 물론 반대로 폭등추세일 때는 반락 저점이 계속해서 높아진다.

세 번째로 주목할 사항은 **폭락세가 나올 때는 웬만해서는 60이동평균선**(녹색 곡선)**을 잠깐이라도 돌파하지 않는다.** 즉, 매수세를 매도세가 완벽하게 압도하고 있기 때문에 생명선이라고 할 수 있는 **60이동평균선을 절대 내주지 않는다고** 볼 수 있다. 이것을 역으로 생각하면 60이동평균선이 돌파될 때를 최종 익절 지점으로 설정하는 것이 좋다.

이런 것을 종합적으로 알고 숙지하고 있는 투자자가 **파란색 동그라미 지점에서 매도포지션 진입을 했다고** 하면 단시간 내에 1계약 당 800틱이 넘는 수익을 올리게 된다. 800틱이면 1계약 당 원화로 600만 원이 넘는 금액으로 계좌 잔고가 퀀텀점프 할 수 있는 절호의 기회가 될 수 있다.

5장

미국 나스닥선물지수 실전공략법

이번 장은 이 책의 마지막 장으로 지금까지 설명했던 해외선물 투자 공략 심리 및 기법을 바탕으로 해외선물 상품 중 가장 대표적인 미국 나스닥선물의 시간대별 실전공략법에 대해 간략히 알아보고자 한다. 미국 나스닥선물은 CME 시장에서도 가장 대표적인 선물이며, 전 세계에서 가장 많은 거래대금을 자랑하고 변동성 또한 상당히 크기 때문에 나스닥선물을 정복한다면 해외선물에서 지속적인 수익 쌓기는 결코 불가능하지 않을 것이다.

　미국 나스닥선물지수는 미국의 주요 IT기업들이 상장되어 있는 나스닥(NASDAQ) 시장의 현물지수를 바탕으로 한 미래(Futures) 지수로 3개월마다 최근월물의 만기가 도래한다. 주요 나스닥 상장 IT기업들은 소위 FAANG라고 불리는 페이스북, 아마존, 애플, 넷

플릭스, 알파벳(구글의 모회사)과 테슬라 등으로 각 종목들의 시가총액이 매우 크지만, 개별이슈나 실적이슈로 큰 변동성을 자주 보이기 때문에 종목별 영향력이 S&P500이나 다우존스산업지수에 속한 기업들보다 영향력이 크다.

나스닥선물지수는 월요일부터 금요일까지 하루 23시간(오전 7시부터 다음 날 오전 6시, 서머타임기준) 거래되는데, 시간외 거래에서 변동성이 커지고 강한 변곡이 발생하는 시간대는 아시아 시장이 시작되는 오전 9시 이후와 홍콩항셍시장과 중국 본토 시장이 시작되는 오전 10시 15분과 10시 30분, 유럽 시장이 시작되는 오후 4시 이후, 그리고 나스닥 본장이 시작(현물(주식) 거래 시작)되는 밤 10시 30분 이후다.

특히 나스닥 본장이 시작되는 밤 10시 30분 이후에 선물 거래량이 폭증하면서 변동성이 극심한데, 변동성이 크고 리스크가 많은만큼 수익의 기회가 크고 많다. 그런데 결국 해외선물은 강한 추세지향성을 갖고 있기 때문에 본장 시작 이후에 진행되는 흐름도 결국 추세를 노리고 진입해야 수익은 크고 손실은 적게 된다. 로스컷 없는 역추세 매매는 자칫 잘못하면 계좌 예탁금이 한순간에 녹아버린다는 절대 명제를 항상 명심해야 한다.

그럼 각 시간대별로 강한 변곡의 흐름이 어떻게 나타나는지 살펴보자.

오전 시간대
실전공략법

나스닥 1분봉 차트를 보면, 오전 9시 이후 잘 진행되는 상승추세가 오전 9시 17분을 고점을 찍고 서서히 밀리면서 오전 9시 37분에 중요한 **60이동평균선**(녹색 곡선)을 장대음봉으로 강하게 하락

이탈한 것을 볼 수 있다. 그런데 이탈한 것과 더불어 패턴상 '산'을 만들면서 하락이탈했기 때문에 강한 하락의 시작일 가능성이 높다고 판단해야 한다. 따라서 이런 상황이 벌어지기 전에 상승추세로 수익 내고 있던 매수포지션이 있었다면 이 이탈 지점에서는 무조건 익절 내지는 손절을 하고 1차 매도포지션을 진입하거나 최소한 포지션 없이 상황을 지켜봐야 한다. 이후 차트를 살펴보자.

이후 흐름을 보면, '산'을 만들면서 **60이동평균선**(녹색 곡선)을 하락(파란색 동그라미)이탈한 장대음봉 이후 더 큰 장대음봉 나타난 것을 볼 수 있고 하락파동을 만들면서 본격적인 하락추세로 돌입하고 있음을 알 수 있다. 특히 두 번째 하락화살표 지점은 **240이동평균선**(회색 선)까지 연속음봉으로 강하게 이탈하고 있는 지점으로 이 지점에서는 반드시 매도포지션을 진입해야 하며, 첫 번째

하락화살표 지점에서 1차 매도포지션을 진입했다면 이 지점은 추가 매도포지션을 진입해야 하는 자리다. 계속해서 이후 흐름을 살펴보자.

이후 흐름을 보면, 두 번째 하락화살표 이후로 계속해서 계단식 하락이 나오고 있는 것을 볼 수 있다. 하락추세가 강화될 때 나타나는 전조 현상은 중요한 이동평균선인 **60이동평균선**(녹색 곡선)이 재돌파되지 않고 이동평균선들 간의 **이격도**(벌어진 정도)만 줄인 이후 재차 **직전 저점**(파란색 평행선)을 이탈(세 번째 하락화살표)하면서 하락파동이 더욱 강화된다는 점이다.

결국 중요한 것은 단기간에 수익을 크게 낼 수 있는 것은 추세가 어떤 방향으로 설정되느냐이며 그 방향대로 포지션을 진입해서 수익을 극대화하는 것이다. 앞의 예시에서는 두 번째 하락화 살표 이후로 1시간 15분 정도 만에 약 100포인트(400틱, 틱 당 가 치 대략 5,500원) 수익을 올릴 수 있다. 해외선물의 매력은 주식처 럼 상승으로만 수익을 내는 것이 아닌, 하락으로 수익을 낼 수 있 다는 점이고 통계적으로 보면 하락추세 파동이 상승추세 파동보 다 더 자주 출현한다.

본장 이후
실전공략법

　나스닥선물 시장은 본장(현물^{주식})이 시작되는 밤 10시 30분(서머타임 적용 시. 서머타임 해제 시 밤 11시 30분) 이후에 거래량이 폭증하면서 변동성이 극심해진다. 보통 고수들은 상대적으로 속도가 느린 본장 전 시간외 거래보다는 이때를 더 선호하는데, 시세의 빠른 움직임을 통해 수익을 극대화할 수 있기 때문이다. 물론 초보나 중수 투자자들은 이 시간대가 오히려 오전, 오후에 벌었던 수익을 한 번에 까먹는 블랙홀 같은 시간대다. 고도의 집중력과 수많은 실전경험을 바탕으로 한 재빠른 판단력이 선행되지 않는다면, 포지션 진입 후 소위 '빨래질'(예를 들어, 상승으로 보고 매수포지션을 진입했는데, 바로 다음 봉^{캔들}에서 대음봉이 나오면서 추세가 하락으로 꺾여 손절하고 매도포지션으로 스위칭했지만, 스위칭 이후 바로 최초 진입가 위로 손쓸 틈도 없이 급등이 나오는 경우)을 당하면서 손실 규모가 급격히 증가될 수 있기 때문이다.

그런데 지속적으로 계속 강조한 부분은 해외선물 투자의 핵심은 추세 매매라는 점이다. 물론 본장 이후 흐름이 100% 깔끔한 원웨이(한 방향) 상승 혹은 하락 흐름이 많이 나오는 것은 아니지만, 추세가 중간이 꺾이더라고 꺾이기 전까지의 흐름이 거의 항상 추세 흐름으로 진행되기 때문에 그 부분을 노리는 것이 중요하다. 더구나 본장에서의 선물지수 변동성은 상당히 크기 때문에 장 중 변곡점(전환점)까지만 수익을 내더라도 그 수익은 보통의 경우 본장 전 시간외에서 벌 수 있는 수익보다 훨씬 크다.

예시를 통해 본장 이후 흐름을 공략해보자.

나스닥선물 1분봉 차트를 보면, 밤 10시 30분 본장 시작 전 밤 9

시 16분부터 반등했으나 **240이동평균선**(회색 선)은 여전히 우하향으로 추세가 기울어진 상태이고, 본장 시작 5분 전부터 연속해서 음봉캔들이 출현하면서 **20이동평균선**(노란색 곡선)과 **60이동평균선**(녹색 곡선), 그리고 **240이동평균선**(회색 선)까지 모두 하락이탈되는 모습이 나오고 있다. 이렇게 되면 본장 이후 흐름은 일단 하락추세가 우세하게 전개될 가능성이 높다. 물론 아무런 급변동 없이 평이하게 하락추세로 곧바로 들어가는 경우는 흔하지 않기 때문에 반등이 나왔을 때 반등의 폭을 지속적으로 관찰하고, 반등이 끝나고 본격 하락추세로 돌입하는 지점에서 매도포지션을 진입할 수 있어야 한다. 이후 흐름을 살펴보고 어느 지점에서 매도포지션에 진입하는 것이 안전한지 알아보자.

이후 흐름을 보면, 역시 예상한 대로 본장 시작 후 하락추세를 유지했지만, 본장 시작 후 바로 나온 캔들은 아래꼬리가 있는 연

속 양봉캔들이기 때문에 속임수를 주기 위해서 단기 반등 이후 본격적인 하락 흐름이 전개될 가능성이 높다는 것을 감지해야 한다. 역시나 연속양봉캔들 출현 이후 직전 저점을 이탈하는 장대음봉캔들이 연속해서 두 개나 나왔지만, 곧바로 시초가를 뛰어넘는 급반등이 나왔다.

여기서 한 가지 팁을 주자면, 본장 초반에는 이렇게 속임수가 많기 때문에 본장 시작 후 최소 8~12분 정도는 관망 후, 최초 예상한 추세흐름에 부합한 캔들의 조합과 이동평균선이 이탈 등의 모습을 확인하고 진입하는 것이 좋다.

시초가를 뛰어넘는 급반등이 나왔지만, 본장 직전의 고점 부근에서 **위꼬리 캔들이 연속해서 출현**(녹색 동그라미)하는 것을 볼 수 있다. 하나의 캔들이 아니고 두 개 이상에서 직전 고점 근처에서 연속해서 위꼬리를 보인다는 것은 저항권 부근에서 매수세력이 매도세력을 압도하지 못한다는 것을 뜻한다. 연속 위꼬리캔들 이후 곧바로 연속음봉캔들이 출현하면서 **두 번째 대음봉캔들이 모든 이동평균선을 한 번에 하락이탈**(주황색 네모박스)하는 것을 확인할 수 있는데, 이때가 하락포지션 진입을 해야 하는 **1차 매도진입 지점** (첫 번째 하락화살표)이다. 2차 매도진입 지점은 장대음봉캔들로 모든 이동평균선들이 이탈된 이후 재반등 없는 것을 확인하고 본격적으로 **20이동평균선**(노란색 곡선)**이 우하향으로 하락각도가 강화되는 지점**(두 번째 하락화살표)이다.

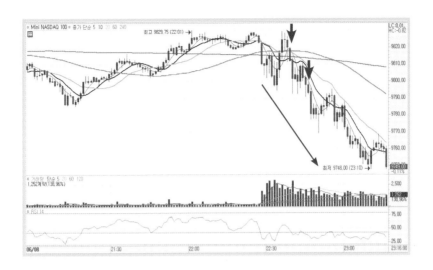

　이후 흐름을 보면, 하락추세가 나오면서 **2차 지점**(두 번째 화살표)까지 매도포지션을 진입했다면 계속해서 수익이 늘어나게 되지만, 한눈에 봐도 하락추세가 그리 강하지 못한 것을 감지할 수 있다. 가장 큰 흔적은 하락추세가 진행될 때 양봉캔들, 그것도 연속 양봉캔들이 추세진행 중간에 계속해서 출현하면 하락추세가 약하다는 뜻이다. 매도의 힘에 계속해서 브레이크가 걸리는 것이기 때문에 하락 5파동(하락충격 3파, 반등조정2파)까지 진행됐다면 일단 수익을 실현하고 상승방향으로 변곡(전환점)캔들이 발생되는지 관망하는 것이 좋다.

　자, 일단 주황색 네모박스 부분을 자세히 살펴보자. 이 지점은 이전 하락 5파동이 일단락되고 다시 하락추세로 들어갈 수도 있고, 변곡이 발생해서 상승추세로 전환될 수도 있는 중요한 지점이다.

　하락추세로 재돌입한다면 이 지점에서 파동이 제법 큰 반등파동이 나와서는 안 되며, 반등이 나온 이후 재차 하락 음봉캔들이 나올 때도 대놓고 '하락이다~'라고 광고하듯이 **10이동평균선**(파란색 선) 위에서 대음봉캔들이 나오면 안 된다. 즉, 다시 말하면 재차 하락추세로 돌입하려면 매수하는 사람들이 반등에 희망을 품게끔 연속되는 짧은 단봉의 양봉, 음봉이 나오면서 이동평균선의 이격도(벌어진 정도)만 줄이는 정도로 옆으로 흐르면서 시간을 끄는 흐름이 나와야지, 하락임을 광고하는 듯한 장대음봉캔들이 버젓이 출현해서 겁을 준다면, 이는 오히려 매수하지 못하게끔 해서 추세를 반전시키려는 세력의 의도된 작품이라고 봐야 한다.

그럼 이것을 참고하면서 다시 주황색 네모박스 부분을 살펴보자. 일단 하락 5파동 이후에 장대양봉을 포함 **적삼병(3연속양봉캔들)**이 출현하면서 나름대로 강한 반등이 나왔고, 이후 **10이동평균선**(파란색 선) 위에서 광고성 장대음봉이 출현했다. 즉, 너무 뻔하게 재차 하락이 나올 것처럼 겁주는 캔들이라고 볼 수 있다.

그리고 이 다음에 나오는 캔들이 중요한데 쌍바닥을 이탈하거나 이탈할 것처럼 하락하는 **음봉캔들이 양봉캔들로 바뀌는 변곡캔들**(빨간색 화살표)이 출현했다. 이렇게 되면 일단 기존 하락추세가 상승추세로 전환될 가성이 매우 높아졌음을 재빨리 알아차려야 한다. 또한, 이 변곡캔들 이후 연속 양봉캔들이 나오면서 기존에 전개됐던 **하락추세선 상단**(빨간색 선)이 돌파되었고 이와 동시에 RSI도 저점이 높아지면서 다이버전스(Divergence, 시세는 하락 혹은 횡보하는데 RSI는 상승)가 발생했다.

이 모든 것을 종합해볼 때, 주황색 네모박스는 재차 하락추세로 이어지는 횡보구간이 아니라 **강한 상승추세의 출발점**이라고 할 수 있다. 물론 변곡 이후 진행된 추세가 진정한 상승추세일지 아니면 반등추세일지 초기부터 알기는 어렵지만, 반등이 진행됐을 때의 상승각도가 가파른지 아닌지 등 다양한 방법으로 상승과 반등을 구별할 수 있다. 또한, 매수포지션을 진입한 이후에는 앞으로 언급한 '**실전형이평선**'을 기준으로 익절을 잡는다면 수익을 극대화하는 데 무리가 없을 것이다.

(개정판)
해외선물 필승 실전기법

제1판 1쇄 2020년 8월 6일
제2판 1쇄 2023년 10월 31일

지은이 최익수
펴낸이 한성주
펴낸곳 ㈜두드림미디어
책임편집 최윤경
디자인 디자인 뜰채 apexmino@hanmail.net

㈜두드림미디어
등   록   2015년 3월 25일(제2022-000009호)
주   소   서울시 강서구 공항대로 219, 620호, 621호
전   화   02)333-3577
팩   스   02)6455-3477
이메일   dodreamedia@naver.com(원고 투고 및 출판 관련 문의)
카   페   https://cafe.naver.com/dodreamedia

ISBN   979-11-93210-27-7 (03320)